NIRGENDSLAND

INHALT

Nirgendsland, April 2012 bis März 2013

Wir sind seit 44 Stunden in Warschau und haben kaum etwas gesehen. Nur den Campingplatz, zwei Kneipen, Fanmeilenreste der Fußball-EM, einen Minimarkt. Und jetzt stehen wir vor einem Konzerngebäude an einer mehrspurigen Ausfallstraße. „Meinst du, wir schaffen es später noch zum Königsschloss?", fragt Bettina, während sie die Betonburg betrachtet. „Ist eher unrealistisch, wenn wir weiter nach Kattowitz wollen", sage ich. Neben uns poltern Autos, Busse und Lastwagen raus aus Polens Hauptstadt. Es staubt, es stinkt, es ist irre heiß. Wir sehen uns an und müssen lachen. Das wird eine Reise der Versäumnisse. Das Königsschloss werden wir auslassen. Auf dem Weg in die Slowakei werden wir Tage in einem Industriegebiet verbringen und Krakau 81 Kilometer weiter links liegen lassen. Von Lissabon werden uns Vororte in Erinnerung bleiben. Statt Tapas werden wir Big Macs bestellen. Und in Rumänien werden wir lange in einem verrauchten Café abhängen, während draußen die Sonne scheint. Es wird anstrengend werden, merkwürdig und großartig. Aber das wissen wir an diesem Julitag noch nicht, kurz bevor wir in einem wohltemperierten Büro den Menschen aus Kapitel eins treffen.

Europa im Kaleidoskop

Nirgendsland ist Europa, wie wir es ein Jahr lang erfahren haben. In 17 Kapiteln geht es kreuz und quer durch zehn Länder der Europäischen Union. Menschen erzählen von ihrem Leben, Malereien und Zeichnungen gehen auf ihre Umgebung ein. Die Texte sind wirklichkeitsnah, die Bilder abstrakt. Sie treten in ungewöhnliche Beziehungen zueinander. Nirgendsland ist Europa, anders als wir es bisher kannten.

Wir, eine Journalistin und eine Künstlerin, hatten irgendwann genug von all den schlechten Nachrichten aus Europa. Bei Wörtern wie Schuldenkrise, Rettungsgipfel und Finanzspritze hörten wir gar nicht mehr richtig hin. Die meisten Politiker aus Brüssel kannten wir nicht. Und in den vergangenen Jahren reisten wir lieber nach Chile und Kanada als nach Frankreich und Tschechien. Besonders die östlichen Länder der Europäischen Union kamen in unserem Leben kaum vor. Dabei waren wir gerade mal acht Jahre alt, als der Eiserne Vorhang fiel. Wie keine Generation vor uns sind wir mit der Idee eines Europas aufgewachsen, das dem Frieden und der Freiheit verpflichtet ist.

Wir sind gemeinsam in Königswinter zur Schule gegangen, damals war der Bundestag noch in Bonn. Es wurde also gleich um die Ecke regiert, als wir lernten, dass die Europäische Union nicht allein aus wirtschaftlichen Erwägungen entstanden ist, sondern aus der Rückschau auf die Zerstörungen der Weltkriege. Doch schon im Unterricht begegnete uns Europa vor allem in Abkürzungen, die uns abschreckten – EGKS, EWG, EFTA… Europa bedeutete Bürokratie, nicht Begeisterung.

Natürlich ist seither viel geschehen. Zwischen unserem Abitur und dieser Reise liegen Ausflüge in europäische Hauptstädte und an Mittelmeerstrände, Studien- und Arbeitsaufenthalte und Freundschaften über Grenzen hinweg. Doch eines änderte sich dadurch nie: Europa in seiner Ganzheit blieb uns fern, es hatte mit unserem Alltag nichts zu tun. Hätte uns jemand gefragt, ob wir uns als Europäerinnen fühlen – wir hätten keine Antwort gewusst. Europa war für uns ein Nichtort. Je mehr wir uns über die einseitig wirtschaftlich orientierten Debatten ärgerten, umso größer wurde unser Bedürfnis, das zu ändern und dem etwas entgegenzusetzen. Das war der Ausgangspunkt für unsere Reise. Da Europa für uns nicht viel mehr war als eine Utopie, ein „Nirgendsland", hatten wir auch gleich einen Namen für unser Vorhaben.

Gibt es eine europäische Identität? Wo können wir sie finden? Was trennt und eint Europäer in ihrem Alltag? Welche Sehnsüchte haben sie und was bedeutet für sie Heimat? Mit diesen Fragen machten wir uns auf den Weg.

Wir hatten das Gefühl, dass wir das Große vielleicht im Kleinen entdecken würden. Also beschlossen wir Menschen zu besuchen, die nur selten gehört werden. An Orten, die sonst kaum beachtet werden. Einige von ihnen haben wir über Freunde und Freundesfreunde gefunden, die meisten haben wir unterwegs getroffen und einfach angesprochen. Mit manchen haben wir Stunden verbracht, mit anderen Tage. Wir waren viel in den östlichen Ländern der EU, da sie uns fremder waren, und etwas weniger in den westlichen Ländern, weil sie uns von klein auf vertrauter sind. Dennoch lagen die besuchten Orte am Ende in einem Dreieck, das sich von Portugal über Deutschland bis nach Rumänien spannt. Unter den Menschen, denen wir begegneten, sind romanische, germanische, slawische und finno-ugrische Muttersprachler. Sie sind zwischen 1933 und 1999 geboren. Sie arbeiten als Manager, Kellnerin, Professorin, Jiddisch-Lehrerin, Bürgermeister, Taxifahrer, Arzt, Übersetzerin, Polizist und Musiker. Sie lernen, studieren und betteln, sie schimpfen, hoffen und feiern.

Alle diese Menschen haben uns von ihrem Alltag und ihren Sehnsüchten erzählt. Und davon, wie ihr Leben mit Europa zusammenhängt. Sie haben uns ihre Wohnungen, Häuser, Arbeitsplätze und Lieblingsorte gezeigt, die als Inspiration für die Bilder dienten. Mit der Zeit ist daraus ein Mosaik aus Eindrücken, Erlebnissen, Farben und Geschichten entstanden. Ein Wechselspiel aus Imagination und Dokumentation. „Das ist wie ein Kaleidoskop", sagte einmal eine Betrachterin über Nirgendsland. Wir haben uns sehr darüber gefreut, denn nicht mehr und nicht weniger möchte dieses Buch bieten. Wer hier reinschaut, bekommt Momentansichten, die bunt und zufällig sind, und sich bei der nächsten Drehung, auf der nächsten Seite schon wieder ändern. Doch trotz ihrer Vergänglichkeit zeigen sie Muster auf, spiegeln sich und regen zum Nachdenken an.

„Schöne Formen sehen" heißt Kaleidoskop übersetzt. Uns selbst hat der Blick dadurch verändert. Wir waren erstaunt, wie sehr all diese Leben, all die Wünsche und Hoffnungen, auf ganz unterschiedliche Weise mit Europa verbunden sind. In ihrer Gesamtheit ergeben sie das Bild einer Union, die so viel mehr ist als ein Wirtschaftsraum. Es war, als hätte jeder, den wir trafen, uns neue Sichtweisen auf Europa geschenkt. Zuversichtliche und enttäuschte, emotionale und rationale, historische und zukunftsweisende. Wir mussten längst nicht jede Ansicht teilen, um zu bemerken: Das alles hat mit uns zu tun. Europa geht uns etwas an.

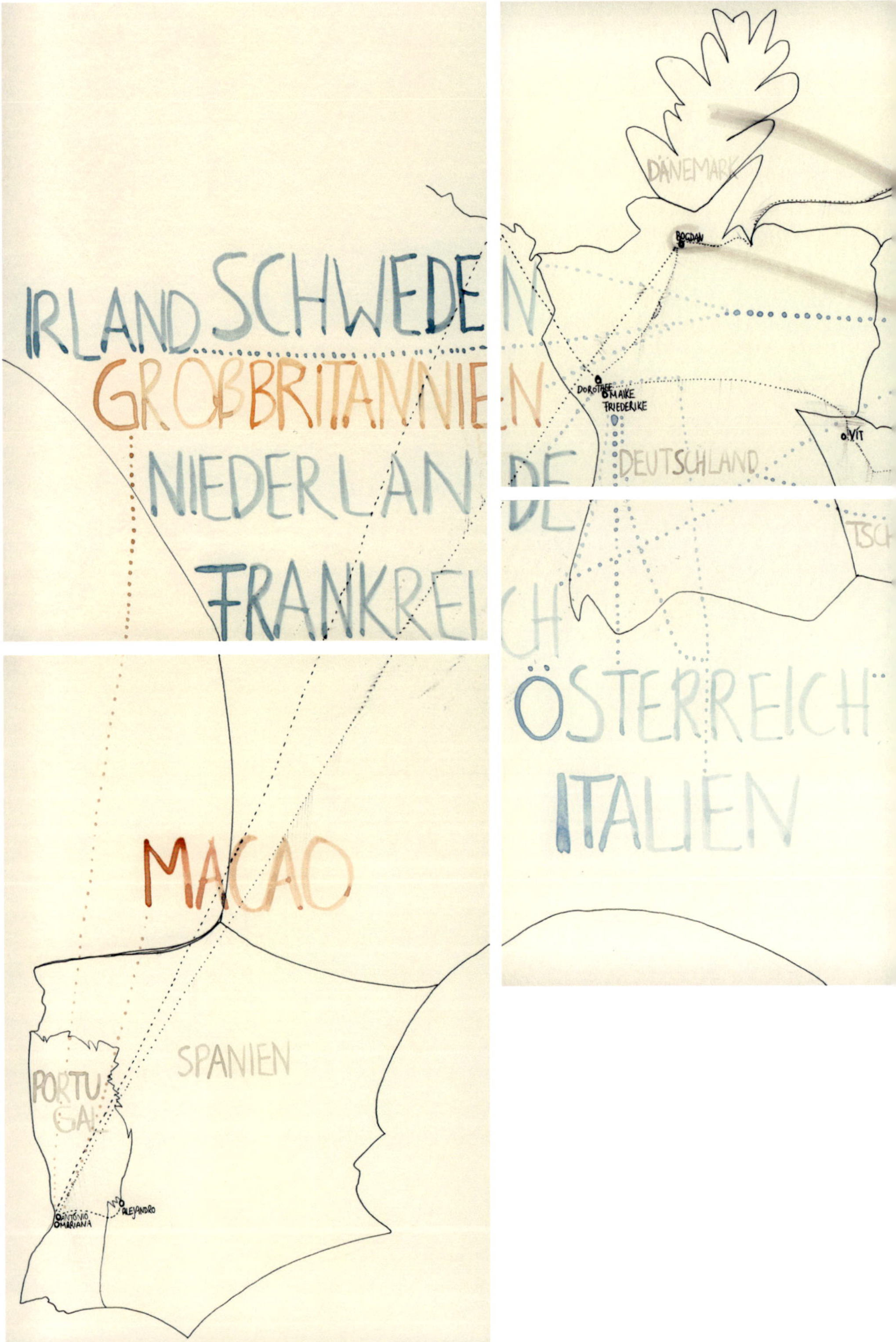
IRLAND
SCHWEDEN
GROßBRITANNIEN
NIEDERLANDE
FRANKREICH
DÄNEMARK
BOGDAN
DOROTHEE
MAIKE
FRIEDERIKE
VÍT
DEUTSCHLAND
TSCH
ÖSTERREICH
ITALIEN
MACAO
SPANIEN
PORTUGAL
ANTÓNIO
MARIANA
ALEJANDRO

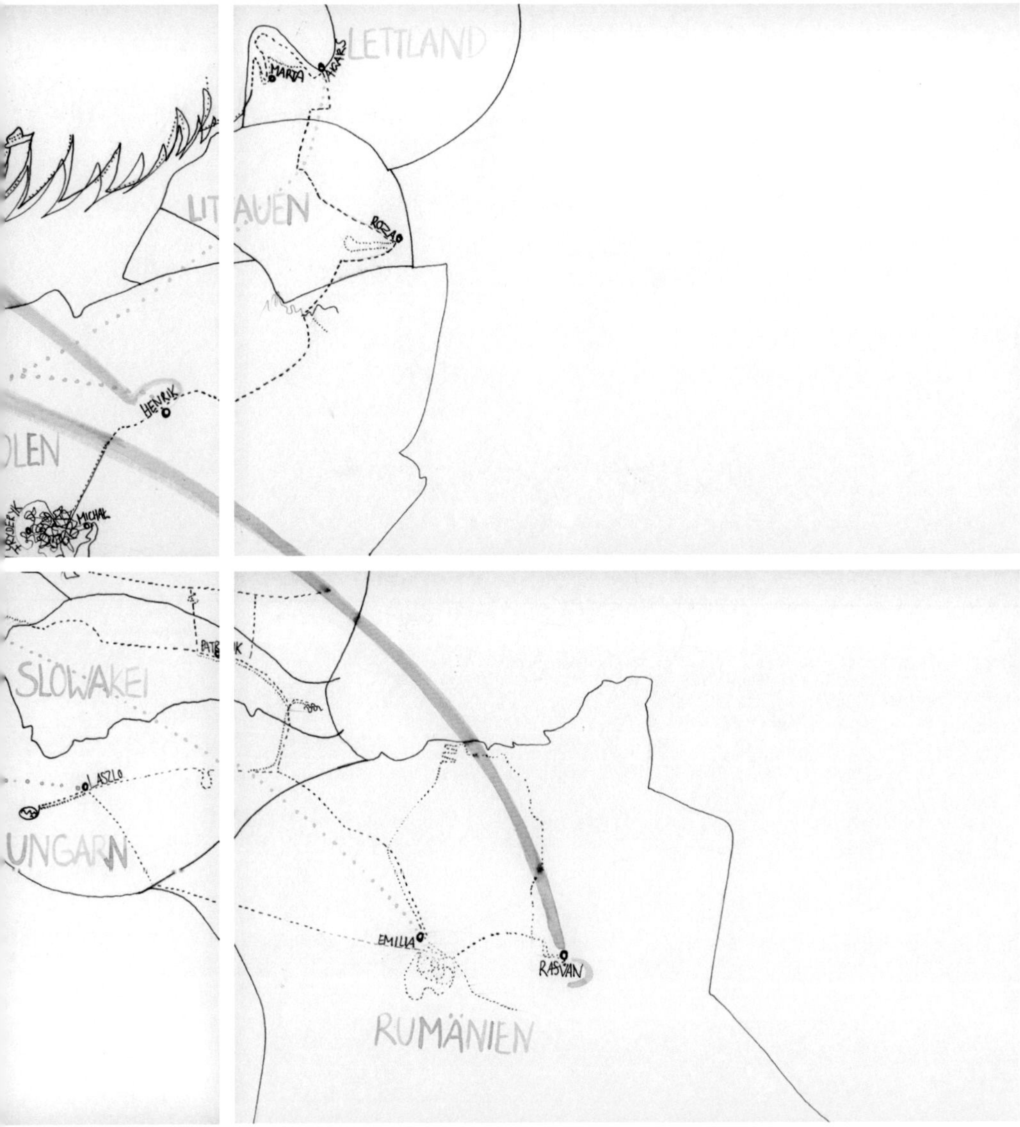
LETTLAND
MARTA
AGARS
LIT AUEN
ROZA
HENRIK
OLEN
MICHAŁ
SLOWAKEI
LASZLO
UNGARN
EMILIA
RASVAN
RUMÄNIEN

POLEN

Geboren 1957 in Kopenhagen, Dänemark
Landesleiter von Bayer HealthCare Pharmaceuticals in Polen

HENRIK WULFF

Ein europäischer Däne

Er ist Geschäftsführer in einem internationalen Konzern, zieht alle paar Jahre in ein neues Land, hat seine Frau im Flugzeug kennengelernt – und wusste schon vor der Europameisterschaft, dass in Polen freundliche, offene Menschen leben.

Polen, Warschau am 05.07.2012

Vier Kinder und einen blonden Labrador hat Henrik Wulff in seiner Wohnung in Kopenhagen zurückgelassen, als er mit seiner Frau nach Warschau ging. „Polen? Nee, Papa!", sagten die zwei Töchter und zwei Söhne, gerade erwachsen, einhellig. Spuren von ihnen findet man dennoch in seinem Büro. „Das hier habe ich von meinem Sohn; man beachte die Magie des Zeichens!", ruft Henrik Wulff und läuft zur Magnetwand schräg gegenüber von seinem Schreibtisch. „Impossible" steht da auf einem DIN-A4-Blatt – und darunter: „I'm possible." Dieser einfache Optimismus passt zu ihm, wie er da im weißen Hemd am Konferenztisch sitzt und uns erwartungsvoll durch seine schwarze eckige Brille anschaut, während draußen die Autos auf der Aleje Jerozolimskie vorbeidonnern und der Asphalt der Ausfallstraße bei über 30 Grad zu glühen scheint. Trotz der drückenden Hitze war Henrik Wulff gestern Abend noch laufen. Er ist bereits in Kopenhagen, New York und Berlin beim Marathon angetreten. Den Kaffee, den seine Assistentin auf hohen Absätzen herbalanciert hat, rührt er während des Gesprächs kaum an.

❞ Wahrscheinlich lebe ich schon in einer Art Blase. Ich kann nicht behaupten, dass ich voll integriert in die polnische Gesellschaft bin, obwohl ich seit zweieinhalb Jahren sehr gern in Warschau wohne. Mir gefällt die Fröhlichkeit der Polen. Leider habe ich außerhalb des Büros nicht so viel Kontakt zu ihnen. So läuft es halt, wenn man oft umzieht und die Sprache nicht beherrscht. Am Anfang haben meine Frau und ich versucht, Polnisch zu lernen. Was haben wir immer geschwitzt in den Unterrichtsstunden! Meistens hatten wir alles schon wieder vergessen, was wir beim vorherigen Mal gelernt hatten. Wir konnten uns die Wörter nicht merken, weil sie uns an keine vertraute Sprache erinnert haben. Irgendwann haben wir beschlossen, dass wir auch zurechtkommen, ohne richtig Polnisch zu sprechen. Wir sind eh nicht länger als drei, vier Jahre hier. Danach geht es wieder in ein anderes Land. Ich habe bereits in Dänemark, England, Irland und Schweden gelebt – und häufig im Baltikum, in Island und in Russland, damals noch Sowjetunion, gearbeitet. In vielen Ländern war ich für den Pharma- und Chemiekonzern Bayer.

Bei der Arbeit macht es keinen großen Unterschied, wo ich bin. Bayer ist Bayer. Überall ist das runde Bayerkreuz auf dem Dach und sobald man über die Türschwelle tritt, riecht es nach Bayer. Der Alltag ist derselbe: E-Mails durchgehen, sehr viele Meetings und Telefonkonferenzen, sehen, dass alles läuft... Jedes Mal, wenn ich in einem neuen Land als Geschäftsführer anfange, sagen sie mir: Was du in Irland gemacht hast, was du in Dänemark gelernt hast, was du in Schweden herausgefunden hast, ist hier alles nicht zu gebrauchen. Klar gibt es Unterschiede, Polen hat ein polnisches Gesetz. Das bedeutet aber nicht, dass Business deswegen ganz anders läuft als etwa in Irland. Letztlich geht es darum, ein Produkt zu verkaufen. Was sich unterscheidet, ist die Arbeitsmentalität.

Als ich nach Polen kam, habe ich hungrige Menschen getroffen. Hungrig nach Erfolg. Hier gibt es nicht diese lange Geschichte des Wohlstands, wie wir sie aus Dänemark oder Deutschland kennen. Mir kommt es vor, als sei man in den westlichen Ländern etwas träge geworden. Hätte ich zum Beispiel in den nordischen Ländern jemandem die Frage gestellt: Wenn ich dir einen Hunderter gebe, was würdest du damit machen? Dann wäre die Antwort: Urlaub. Würde ich dasselbe einen Polen fragen, würde er sagen: Ich würde mich reinhängen, um dir in ein paar Wochen hundertfünfzig zurückzugeben. Natürlich habe ich das nicht wirklich ausprobiert, aber das ist mein Eindruck. Die Polen haben diesen Wunsch aufzuholen, während wir nicht richtig wissen, wo es hingehen soll. Das ist wohl auch der Grund, warum die polnische Wirtschaft boomt.

Was sich unterscheidet, ist die Arbeitsmentalität.

Doch von solchen Mentalitätsunterschieden einmal abgesehen: Tief drinnen sind die Menschen dieselben – zumindest in dem Teil der Welt, in dem ich gelebt habe, in Europa. Wir mögen ein wenig anders aussehen, aber wir tragen dieselben Sehnsüchte und Hoffnungen in uns, wir empfinden dieselbe Liebe für unsere Familien.

Selbst wenn ich bei internationalen Meetings Araber treffe, die religiöser sind und nach anderen Gesetzen leben: Sobald man zusammensitzt und über private Wünsche spricht, findet man heraus, wie viel man teilt und dass am Ende alle nur menschliche Wesen auf einem großen Planeten sind. Die Begleitumstände sind andere. Aber in Europa sind sogar diese Unterschiede verdammt klein.

Wir denken immer, Amerikaner seien Amerikaner. Doch wenn ich drei Menschen treffe, die aus New York, aus Los Angeles und aus dem Mittleren Westen kommen: Tut mir leid, die sind viel unterschiedlicher als ein Italiener, ein Deutscher und ein Pole. Für mich ist das eine großartige Erkenntnis, ich fühle mich inzwischen als europäischer Däne.

16 Uhr, im Büro des Landesleiters von Bayer HealthCare Pharmaceuticals Poland

Jerozolimskie I, 2012, Tusche und Buntstift auf Papier, 21 x 29,7 cm

17 Uhr, im Büro des Landesleiters von Bayer HealthCare Pharmaceuticals Poland

Jerozolimskie II, 2012, Tusche und Buntstift auf Papier, 21 x 29,7 cm

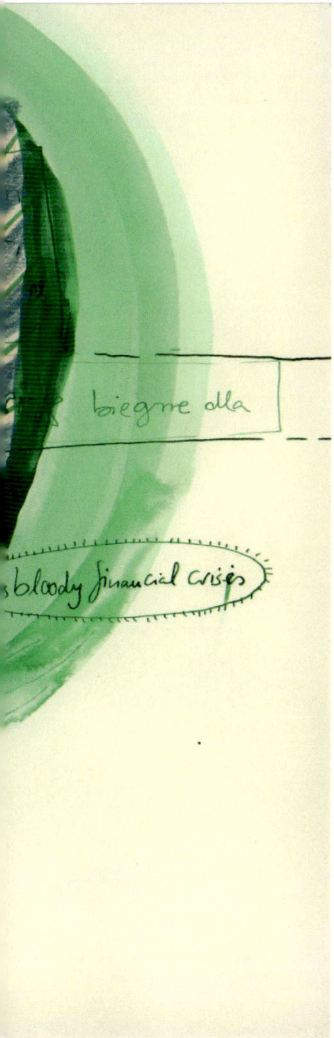

Verrückt, dass es immer noch so viele Leute gibt, die nie aus ihrem Land rausgekommen sind. Typischerweise sind sie es, die Fremde komisch finden. Die heimischen Medien unterstützen diese Sicht ja auch ständig. Man meint: Alles, was gut ist, komme aus dem eigenen Land. Wir haben uns, was weiß ich, YouTube ausgedacht! Kaum ist man woanders, stellt man fest: Dort wurde etwas erfunden, was eigentlich viel schlauer ist.

Von den Polen denken viele, sie seien nicht besonders clever. Völliger Quatsch. Wir Dänen könnten viel von ihnen lernen. Es gibt hier allen möglichen Schnickschnack, bei dem ich denke, wow! Ein kleines dummes Beispiel: Wenn man in Polen an einer roten Ampel steht und rechts abbiegen will, gibt es da einen grünen Pfeil, der bedeutet: Wenn die Straße frei ist, darf man bei Rot fahren. Den gibt es fast an jeder Kreuzung. Warum haben wir den nicht in Dänemark?

Dass sich die Perspektive auf das eigene Land ändert, empfinde ich als Riesengewinn – und das heißt nicht, dass ich meine Heimat nicht schätze. Es wäre nur so schön, wenn jeder wüsste, dass es überall kluge und liebenswerte Menschen gibt.

Warschau kommt vielen sehr weit weg vor. Doch es gibt vier Flüge nach Kopenhagen am Tag. Wenn ich an einem Freitag um 16 Uhr mein Büro verlasse, kann ich um 19 Uhr bei meinen Kindern sein. Und wenn ich die Tickets mit genug Vorlauf kaufe, ist das sogar günstiger, als einen Zug von Warschau nach Krakau zu nehmen. Die Grenzen verlieren an Bedeutung. Wenn ich mich in Dänemark ins Auto setze und nach Deutschland fahre, nach Frankreich, nach Italien, und ich nie einen Ausweis zeigen muss, fühle ich mich großartig.

Das Hier und Jetzt ist nur eine Momentaufnahme. In zwanzig Jahren werden die Leute sagen: Von was redet ihr da? Was war das für eine Krise?

Ich bin optimistisch, was Europa betrifft – trotz dieser verdammten Finanzkrise. Ich muss zugeben, dass ich nicht so recht weiß, was ich hinsichtlich der mediterranen Länder denken soll. Doch insgesamt gehe ich davon aus, dass wir uns nur in einem Tal befinden. Man muss sich mal die große Perspektive ansehen. Wie sah Europa vor hundert Jahren aus? Das Hier und Jetzt ist nur eine Momentaufnahme. In zwanzig Jahren werden die Leute sagen: Von was redet ihr da? Was war das für eine Krise?

Wenn ich bis dahin nicht tot bin, werde ich dann Rentner in Kopenhagen sein. Das ist das Ziel. “

LITAUEN

Geboren 1946 in Vilnius, Litauen
Kuratorin und Jiddisch-Lehrerin

ROZA BIELIAUSKIENĖ

Das Jerusalem des Nordens

Ihre Eltern überlebten den Holocaust, dann kamen die Sowjets. Als Litauen unabhängig wurde, wechselte sie ihren Beruf – und wurde von der Elektroingenieurin zur Bewahrerin jüdischer Kultur.

Rudininku Straße: Das Elternhaus

Rudininku, 2012, Acryl auf Papier, 21 x 29,7 cm

Pylimo Straße: Das Jüdische Krankenhaus
Pylimo, 2012, Acryl und Tusche auf Papier, 16 x 22 cm

Litauen, Vilnius am 29.06.2012

Vor dem schmalen Gedenkstein mit dem eingemeißelten Davidstern könnten wir Roza Bieliauskienė gar nicht verfehlen, da verirre sich fast nie jemand hin. So hatte man uns den Treffpunkt im „Jewish Culture and Information Center" beschrieben. Und richtig: Am nächsten Tag steht da pünktlich um elf eine ältere Dame, kaum größer als der unauffällige Stein. Sie lächelt über das ganze Gesicht, als sie uns sieht. Das Lächeln verschwindet auch in den folgenden Stunden nie ganz, obwohl sie von Verfolgung, Leid und Tod erzählt, während sie uns durch die Straßen führt. Ihr Vilnius ist nicht die lebendige Stadt, in der Liebespaare knutschend auf den Rasenflächen der Altstadt liegen, in der Geschäftsleute mittags kalte Rote-Bete-Suppe schlürfen und Besucher prächtige barocke Gebäude fotografieren. Ihr Vilnius war als „Jerusalem des Nordens" das bedeutendste jüdische Zentrum Osteuropas und gehört der Vergangenheit an. Es besteht aus Erinnerungen ihrer Eltern, historischen Fakten und Bildern ihrer Kindheit, die in den Ruinen des Zweiten Weltkrieges begann. Festen Schrittes geht Roza Bieliauskienė quer über einen Grünstreifen die ehemalige Hauptstraße des jüdischen Viertels entlang, zeigt in Hinterhöfen die Spuren jüdischen Lebens und lässt so eine Stadt entstehen, die es heute nicht mehr gibt.

❞ Meine Mutter und mein Vater waren beide ganz allein, als sie nach dem Krieg aus den Tiefen der Sowjetunion zurückkehrten. Sie hatten sich dort versteckt. Als sie wieder daheim in Litauen waren, fanden sie niemanden mehr aus ihren Familien. In dieser Zeit haben sie sich getroffen, haben geheiratet und sind in die Rudininku Straße Nummer 16 gezogen, wo während der Besetzung durch die Nazis der Haupteingang ins Große Ghetto war. Als kleines Mädchen habe ich mit meinen Freunden in den Ruinen gespielt, obwohl wir das nicht durften. Manchmal ist ein Kind gestorben, wenn ein Blindgänger hochging.

Die Generation meiner Eltern hat versucht, uns nicht so genau zu erzählen, was mit unseren Großeltern, Onkeln, Tanten, Cousinen und Cousins passiert ist, warum wir keine Verwandten hatten. Trotzdem wusste ich von klein auf, dass hier viele Menschen ermordet wurden, weil sie Juden waren.

Meine Familie war nicht religiös, aber wir haben jiddisch gesprochen und die jüdischen Traditionen gepflegt. Das war schwierig, denn 1949 sind in Litauen alle jüdischen Institutionen durch die Sowjetunion geschlossen worden – das Jüdische Museum, die Jüdische Schule und der Jüdische Kindergarten. Anfang der 60er, nachdem Stalin ein paar Jahre tot war, konnte mein Vater endlich seine Schwester und seinen Bruder suchen, die zu Beginn des Krieges in die USA emigriert waren. Seine Schwester hat er tatsächlich gefunden. Das war ein riesiges Fest bei uns zu Hause.

Ich finde, dass unsere kleine jüdische Gemeinde ihr kulturelles Erbe hochhalten muss – es gehört zur europäischen Geschichte.

Auf der ganzen Welt kann man noch Menschen treffen, die im Jüdischen Krankenhaus in Vilnius geboren worden sind. Heute sind dort Wohnungen. Immer, wenn ich in dem Haus stehe, muss ich daran denken, wie ich einmal zufällig die Geburtsurkunde einer Freundin gefunden habe, die in Israel lebt.

Die ausgetretenen Holzstufen erinnern mich an das alte Vilnius. Damals war Holz am günstigsten, heute gibt es mehr Geld und das Holz verschwindet aus den Häusern. Es berührt mich jedes Mal, wenn ich diese kleinen Details sehe: ein paar alte Ziegel in einem der typischen kleinen Innenhöfe, ein vergessener Holzverschlag, die verblassten jiddischen Inschriften am Haus gegenüber. Die meisten Menschen nehmen die wenigen Überbleibsel aus der Zeit, in der Vilnius das Jerusalem des Nordens war, nicht wahr. Ich finde, dass unsere kleine jüdische Gemeinde ihr kulturelles Erbe hochhalten muss – es gehört zur europäischen Geschichte.

Wenn ich an die jüdischen Ärzte denke, die hier über die Stufen gegangen sind... Das waren nicht nur Ärzte, die sich um ihre kranken Patienten gekümmert haben, sondern öffentliche Personen! Sie hatten eine Führungsrolle in der jüdischen Gemeinde. Das Krankenhaus ist damals schnell gewachsen und war vor dem Zweiten Weltkrieg unter allen Einwohnern der Stadt beliebt. Als die Nazis Vilnius besetzt haben, lag es mitten im großen Ghetto. Es war die einzige jüdische Einrichtung, die weiter am Laufen gehalten wurde, alle anderen Institutionen mussten schließen. Doch die Ärzte haben alles möglich gemacht, um zu helfen – und um die im Ghetto gefangenen Menschen vor der Liquidation zu schützen.

Zydu Straße: Platz der alten Synagoge

Zydu, 2012, Acryl auf Papier, 22 x 16 cm

Manchmal ist mir, als hörte ich Jiddisch, wenn ich die alten Wege rund um die ehemalige Große Synagoge entlanggehe. Ich sehe die Gesichter meiner Schulfreunde vor mir, die Gesichter unserer Nachbarn, die meiner Eltern. Doch die Straßen sind größer geworden und die Erinnerungen kleiner. Halb Vilnius ist im Krieg zerstört worden. Viele Plätze wurden danach weitläufiger. Es kommt mir oft vor, als starrten mich die Löcher an, die dadurch entstanden sind. Die Nazis haben die Synagoge zerstört und die Sowjets haben sie endgültig abgerissen. Dieser Ort ist für mich der Friedhof des geistigen Lebens, das im litauischen Jerusalem einmal so lebendig war.

Doch die Straßen sind größer geworden und die Erinnerungen kleiner.

Nach der Schule bin ich ans Polytechnische Institut Kaunas gegangen und habe mich auf Elektrizität spezialisiert. Mein Mann und ich haben an einem wissenschaftlichen Institut für Fotokopie gearbeitet. Doch ich habe mich mein ganzes Leben für jüdische Geschichte, Kunst und Kultur interessiert. In der Sowjetunion gab es keine Möglichkeiten, sich da weiterzubilden, nach 1989 erschien dann mehr und mehr Literatur. Schritt für Schritt habe ich dazugelernt. 1990 wurde ich dann vom wiedereröffneten Jüdischen Museum eingeladen, eine Sammlung zusammenzustellen. Dadurch habe ich sehr plötzlich meinen Beruf gewechselt und 17 Jahre lang als Kuratorin gearbeitet. Ich habe mich auch dafür eingesetzt, dass es an der Uni wieder Jiddischkurse gibt und selbst unterrichtet.

Jiddisch ist nicht nur eine Sprache. Jiddisch ist die Basis für die reiche Kultur der Juden in Europa. Die Diaspora wurde größer und größer – und jedes Volk hat die europäischen Juden, ihre Sprache und Kultur beeinflusst. Natürlich haben auch die Juden die europäische Wirtschaft und Kultur beeinflusst. Trotz der sechs Millionen Holocaust-Opfer, trotz des Genozids durch die sowjetische Regierung: Es ist sehr viel historische Literatur erhalten geblieben, die der Öffentlichkeit bekannt sein muss. Ich gehe davon aus, dass die jüdische Kultur in Europa in Zukunft nahezu ohne Juden aufrechterhalten wird. Für mich ist es dennoch wichtig, dass sie am Leben bleibt. “

DEU
TSCH
LAND

Geboren 1999 in Essen und in Königswinter, Deutschland
Schülerinnen

FRIEDERIKE HELLMICH & MAIKE WILKEN

Smileytanz im Rheinland

Die eine singt gern, liebt McDonald's und trägt meistens Sneaker; die andere tanzt lieber, hasst Fastfood und mag hohe Schuhe – die beiden Schülerinnen aus Deutschland sind verschieden und doch unzertrennlich.

Deutschland, Königswinter am 20.12.2012

Die meisten Schüler sind nach der Weihnachtsfeier so schnell wie möglich gegangen. Nach der sechsten Stunde ist das Foyer des Gymnasiums leer, wie sonst nur während des Unterrichts. Die gelben Treppengeländer fallen vor dem Sichtbeton der Wände noch mehr auf als sonst. Ab und zu begegnen sich einzelne Lehrer und Schüler, Satzfetzen wie „grandiose Weihnachtsfeier", „jetzt aber weg", „mach et joot" dringen zu uns herüber, Schritte entfernen sich quietschend auf dem Noppenboden. Hier am „Gymnasium am Oelberg" haben wir Abitur gemacht – zu Füßen des größten Gipfels des Siebengebirges, ganze 460 Meter hoch. Unsere Erinnerungen werden jäh unterbrochen von Maike Wilken und Friederike „Fritzi" Hellmich. Sie quatschen schnell und fröhlich drauflos, wie es sich für Rheinländerinnen gehört. Beide sind 13 Jahre alt, tragen die Haare lang, die Jeans eng und die Pullis mit Reißverschlüssen. Sie kennen sich seit der ersten Klasse, wohnen im selben Ort und spielen zusammen Tennis. Während sie uns ihren Klassenraum und später ihre Elternhäuser und die Tennishalle zeigen, überbieten sie sich mit Anekdoten und reden dabei ganz direkt über die jeweils andere. Besonders gern zählen sie ihre Gegensätze auf. Fritzi schminke sich, Maike sei nicht so ein typisches Mädchen, Fritzi mache ständig Sport, Maike esse die ganze Zeit, Fritzi sei manchmal zickig, Maike eher stur. Vor allem aber können sie nächtelang durchreden, denken oft dasselbe und haben meistens gute Laune.

In der ersten Klasse fragt man sich halt so: Wollen wir Freunde sein?

❞ **Fritzi:** Mit einem Smileytanz hat es angefangen, so haben Maike und ich uns kennengelernt. Ich kann mich noch genau an den Tag erinnern. Das war bei der Einschulung und ich war etwas allein, weil kein anderes Kind aus meinem Kindergarten auf diese Grundschule ging. Uns wurden Symbole zugeteilt, je nachdem, in welche Klasse man kam. Ich hatte einen Smiley, genau wie Maike. Meine Eltern sind irgendwie aufmerksam auf sie geworden, weil sie so riesig viele Haare hatte, so einen Flechtzopf. Naja, und dann kam dieser Smileytanz mit der Klassenlehrerin. In der ersten Klasse fragt man sich halt so: Wollen wir Freunde sein?

Maike: Das war echt lustig. Danach haben wir uns immer besser verstanden. Irgendwann haben wir uns jeden Nachmittag angerufen und gefragt, ob wir uns treffen sollen. Vier Jahre später sind wir zusammen aufs Gymnasium gekommen. Meine Mutter wollte erst, dass ich die Mädchenschule in Bonn besuche. Aber das wäre gar nicht gegangen. Ich komm nämlich richtig gut mit Jungs klar und wir haben voll viel mit den Jungs aus unserer Klasse zu tun.

Fritzi: Meine Mutter wollte mich auch erst auf eine andere Schule schicken, hat mir dann aber ziemlich freie Wahl gelassen. Maike und ich waren uns von Anfang an einig über die weiterführende Schule.

13 Uhr, im Klassenraum der 8a, Gymnasium am Oelberg

Weiler, 2013, Tusche und Farbstift auf Papier, 29,7 x 21 cm

Die Franzosen essen morgens nicht richtig, auch mittags nicht, eigentlich den ganzen Tag über nicht.

Maike: Aber wir haben nicht alle Fächer zusammen. Fritzi hat Spanisch und ich hab bilingual gewählt, das heißt, ich habe Geschichte und Politik auf Englisch. Englisch mag ich total gern, das kann ich fast fließend sprechen. Ich weiß gar nicht, warum. Das ist komisch, bei Vokabeln muss ich das Wort nur einmal lesen, dann weiß ich es. Meine Mama kann auch richtig gut Englisch, doch mein Vater schafft es zum Beispiel gerade mal, nach der nächsten Bushaltestelle zu fragen.

Fritzi: Mein Vater hat vor meiner Geburt öfter mal in England gearbeitet, der spricht fließend Englisch. Ich spreche auch gern fremde Sprachen, deswegen hab ich mich für Spanisch entschieden, als wir wählen konnten.

Maike: Wir haben einen Spanier in unserer Klasse. Das war ziemlich lustig, weil der neulich in der Spanisch-Arbeit eine Zwei geschrieben hat, keine Eins, wie man ja erwartet hätte.

Fritzi: Außerdem haben wir ein paar Mitschüler, deren Eltern aus Polen kommen. Aber die sprechen perfekt Deutsch, ich weiß gar nicht genau, wer überhaupt dazugehört.

Maike: Meinem Freund Sinan sieht man auch nicht an, dass er Türke ist. Er hat blonde Haare und blaue Augen. Wir sind am ersten Weihnachtstag zusammengekommen. Er ist ziemlich verrückt, anders als die anderen, und kommt hier aus dem Ort. Sein Papa und meine Mama waren früher in einer Klasse.

Fritzi: Im Herbst hab ich einen Schüleraustausch nach Cognac gemacht. Das war richtig cool – und tierisch anstrengend. Ich musste immer um fünf aufstehen. Die Franzosen essen morgens nicht richtig, auch mittags nicht, eigentlich den ganzen Tag über nicht.

Maike: Ich mag Französisch gar nicht. Als dieser Austausch kam, hab ich zu Fritzi gesagt: Nee, da muss ich ja zehn Tage lang nur Französisch sprechen, keine Lust!

Fritzi: Meine Gastfamilie hat immer erst gegen 22 Uhr angefangen Abendbrot zu essen. Und da wurde erzählt und erzählt und erzählt. Es gab eine Tochter in meinem Alter und noch zwei ältere Geschwister. Jeder ist dem anderen ins Wort gefallen, ich hatte fast keine Chance irgendwas zu verstehen. Dann sollte ich erzählen, wie mein Tag war, und da wurden immer alle still und haben mir zugehört. Die Schule war anders als bei uns. Wenn Lehrer dort etwas erzählen, ist es komplett leise. Die setzen sich irgendwie besser durch.

Maike: Fritzi und ich sehen uns nicht mehr ganz so oft wie in der Grundschule. Aber wenn es im Sportunterricht Partnerarbeit heißt, könnte ich mit niemand anderem zusammenarbeiten als mit Fritzi. Oder wenn's ums Lernen geht: Wenn wir beide zusammen Vokabeln üben, ist der Test danach ne Eins.

Fritzi: Allerdings lernen wir vielleicht fünf Minuten pro Stunde. Den Rest der Zeit quatschen wir. Es dauert dann Stunden, bis wir die Vokabeln können.

15 Uhr, bei Maike Wilken zu Hause, Thomasberg

Siebengebirge, 2013, Tusche und Buntstift auf Papier, 29,7 x 21 cm

Fritzi: Ich hasse Reihenhäuser. Ich mag das nicht, wenn alle Häuser da so gleich rumstehen. Wir sind nach Thomasberg gezogen, als ich zwei Jahre alt war – und bis vor kurzem haben wir in einem Reihenhaus gewohnt. Jetzt zum Glück nicht mehr.

Maike: Ich wohne in einem Mehrfamilienhaus. Neben uns wohnt mein Opa und über uns mein Onkel. Ich hab schon immer in diesem Haus gewohnt, meine Mama auch. Meine Familie hat fast alle Freunde hier. Ich kenne quasi komplett Thomasberg.

Fritzi: Stimmt, wenn wir zusammen durch den Ort laufen, grüßt Maike fast jeden. Meine Familie ist zugezogen. Mein Vater arbeitet in Bonn bei T-Mobile. Aber was er da genau macht, weiß ich nicht – es hat irgendwas mit Mathe zu tun. Meine Mutter ist zu Hause. Ich habe einen Bruder, der ist dieses Jahr auf unsere Schule in die fünfte Klasse gekommen.

Maike: Mein Papa arbeitet bei IQWiG. Das heißt Institut für Qualität und Wirtschaftlichkeit im Gesundheitswesen. Ist halt auch sowas wie bei Fritzis Vater, nur hat es weniger mit Mathe zu tun, mehr mit Computerzeugs. Meine Mama arbeitet auch nicht. Ich bin Einzelkind. Das ist lustig, weil ich der Mittelpunkt in unserer Familie bin.

Fritzi: Maike und ich spielen zusammen Tennis, unsere Halle liegt total schön am Waldrand.

Maike: Ich liebe Tennis, aber eigentlich ist es nicht so mein Sport. Einmal habe ich gebremst und hatte einen Bänderriss. Dann hatte ich vom normalen Spielen einen Tennisarm. Und zu guter Letzt bin ich noch gegen den Zaun gelaufen und hab mir den Arm gebrochen.

Fritzi: Das war lustig. Da haben wir gerade Doppel gespielt bei einem Turnier. Hinterher tat Maike mir natürlich leid. Ich hab ihr beim Tennis auch schon mal einen Ball in den Rücken geschlagen aus Versehen. Aber eigentlich bin ich diejenige, die mehr Angst haben müsste, Maike regt sich nämlich des Öfteren auf, wenn wir am Verlieren sind.

Maike: Fritzi kommt mir dann immer so mit: Bleib ruhig, ist doch alles cool.

Fritzi: Der Hauptgrund, warum wir im Tennis verlieren, ist halt, dass wir uns viel zu sehr aufregen.

16 Uhr, bei Fritzi Hellmich zu Hause, Thomasberg

Terrassen, 2013, Tusche und Kugelschreiber auf Papier, 29,7 x 21 cm

17 Uhr, im Tennisclub Grün-Weiß, Gut Buschhof

Zum Buschhof, 2013, Tusche und Farbstift auf Papier, 29,7 x 21 cm

Maike: Durch meine ganzen Verletzungen war ich schon öfter im Krankenhaus. Ich finde es echt interessant, wie alles am Körper funktioniert. Deswegen möchte ich Ärztin werden.

Fritzi: Wir wollen später zusammen in Münster studieren und eine WG gründen, weil mein Opa da eine Wohnung hat. Ich weiß noch nicht genau, was ich werden will, vielleicht studiere ich Jura.

Maike: Die Wohnung von Fritzis Opa ist voll zentral. Eigentlich haben wir das alles schon durchgeplant.

Fritzi: Aber wir müssen uns wahrscheinlich noch einen Alternativplan überlegen, denn zum Studieren braucht man ja ein super Abi, mit Schnitt 1,3 oder so. Wir sind beide recht gut in der Schule, aber ganz so gut nicht.

Maike: In der zehnten Klasse würde ich gern erst mal für ein Jahr nach England oder so.

Fritzi: Ich will auch weg, aber lieber nur drei Monate. Ich würde am liebsten nach Amerika.

Noch weiter weg als Europa fände ich irgendwie spannender, das ist dann komplett anders.

Maike: Das ist so weit.

Fritzi: Ich war mal mit meinem Vater in London. Noch weiter weg als Europa fände ich irgendwie spannender, das ist dann komplett anders. In Europa war ich schon viel mit meinen Eltern unterwegs. Wir fahren öfter in die Toskana, in Norwegen war ich auch schon.

Maike: Meine Mutter ist auch voll der Fan von Sommerurlaub in Italien. Und in Österreich war ich ein paarmal zum Skifahren. Und auf Mallorca.

Fritzi: Am liebsten will ich später überall mal hin. Nach Australien und nach Amerika – eine Rundreise machen.

Maike: Und ich möchte unbedingt nach Hollywood, den Schriftzug sehen. **“**

LETTLAND

Geboren 1967 in Ventspils, Lettland
Taxifahrer

AIGARS LĒLIS

Fahr Aigars, fahr!

Als die Krise nach Lettland kam, stieg er auf sein Rad und strampelte 5000 Kilometer weit. Unterwegs setzte er sein Weltbild neu zusammen. Nach der Rückkehr stieg er aufs Taxi um.

Lettland, Riga am 25.06.2012

Es ist nicht leicht, diesen Aigars Lēlis zu treffen. Doch nach sieben Telefongesprächen, einer 13-minütigen Fahrt raus aus Rigas Stadtzentrum, einem halbstündigen Irrlauf durch das gigantische Einkaufszentrum Spice und fünf Tassen Kaffee im „Double Cafe" im ersten Stock, steuert tatsächlich ein beige uniformierter Mann auf uns zu. So schnell, dass die maigrüne Krawatte über seiner Schulter flattert. Warum der Taxifahrer ausgerechnet diesen Ort gewählt hat, um sich mit uns zu treffen? Rein praktische Gründe, der Flughafen sei in der Nähe, da warteten Fahrgäste. Dass es hier alles gibt, wirklich alles, was man kaufen kann, führe ihn eh nicht mehr in Versuchung, sagt Aigars Lēlis. Er grinst und kneift seine Augen dabei zusammen, bis nur noch kleine Schlitze zu sehen sind. Dass aus drei Richtungen unterschiedliche Musik aus den Boxen plärrt, scheint ihn auch nicht zu stören. Wenn er einmal bei seinen Lebensweisheiten angelangt ist, lässt er sich durch nichts mehr ablenken.

❞ Wer sich ständig Ziele setzt, ist immer unter Druck. Ich habe damit aufgehört. Doch ich weiß, dass ich eines Tages in Frankreich leben werde. Das habe ich im Gefühl. Es ist, als sei meine Seele dort zu Hause.

Wenn Krisenstimmung herrscht, stellen Buchläden philosophische Literatur in ihre Schaufenster.

Schlimmer als nichts zu haben, ist, sich nicht frei zu fühlen. Als Kind wusste ich: Ich bin ein lettischer Junge, der in Lettland lebt. Aber es hat sich nicht so angefühlt. Wenn meine Mutter mich zum Laden geschickt hat, war der Einkaufszettel auf Russisch.

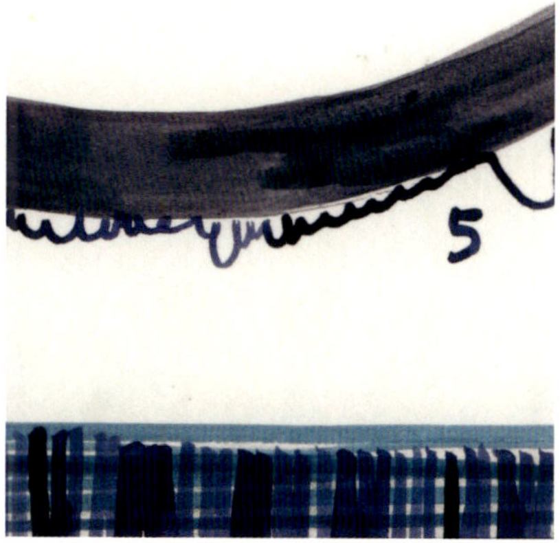

Wenn man während der Champions League in Bayern eine Bleibe sucht, hat man ein Problem: Da sind die Straßen leer.

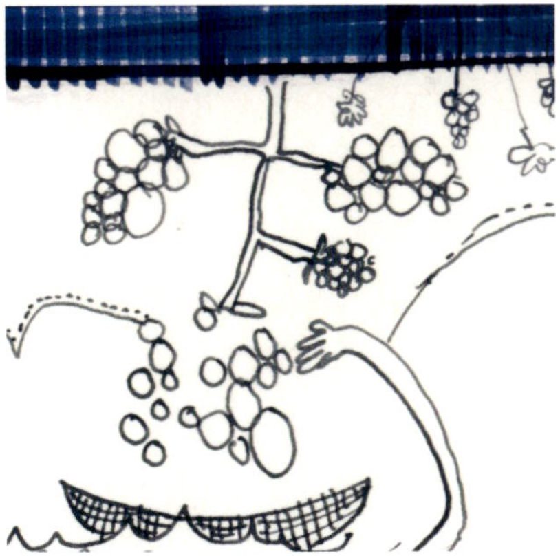

Grenzen sind nichts wert. Auf der anderen Seite sind die Menschen nicht anders. Man trifft überall Leute, die hilfsbereit sind und ein gutes Herz haben. Allein ihre Sprache ändert sich.

Taxifahren ist ein dreckiges Geschäft. Aber es macht mich frei.

Als junger Mensch ist einem das wichtig, was den anderen wichtig ist. Der 20-jährige Aigars wollte Frauen und Autos und Karriere.

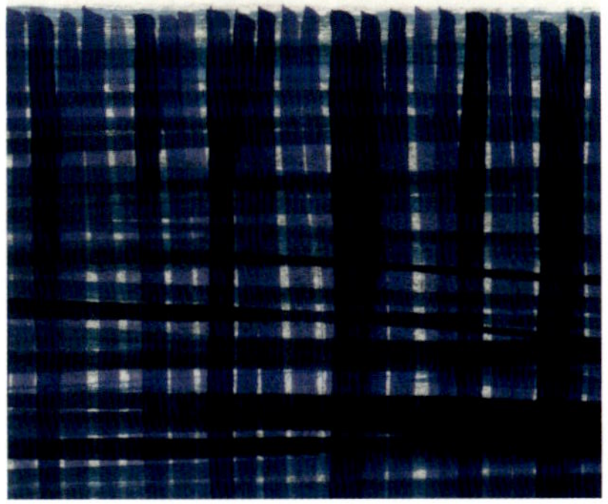

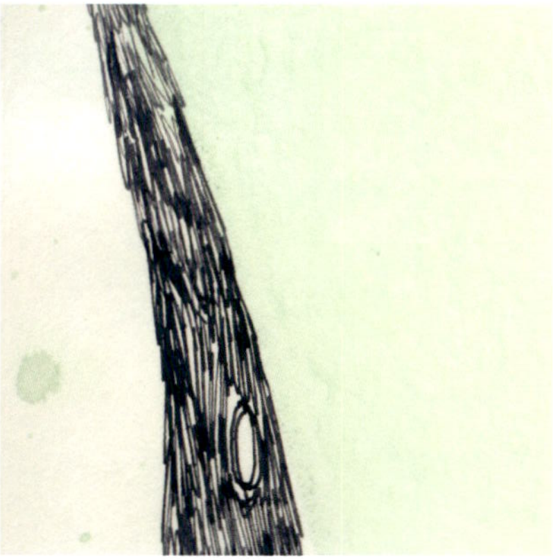

Viele wünschen sich immer mehr Verantwortung und nehmen gar nicht wahr, wie unfrei sie dadurch werden. Ich habe 14 Jahre lang als Projektmanager und Geschäftsführer gearbeitet. Ich habe gut verdient und kaum gemerkt, dass ich mich nicht mehr lebendig gefühlt habe.

Spice I/II, 2012, Tusche und Bleistift auf Papier

Job weg, Freundin weg, Stiefsohn weg: Entweder du stirbst in so einer Situation oder du machst etwas. Wegrennen wie Forrest Gump. Ich bin 5000 Kilometer Rad gefahren, ohne Geld, durch neun Länder.

In fetten Zeiten leben Menschen nur für bessere Kleidung, mehr Geld, tollere Statussymbole. Wenn das alles weg ist, zählt wieder, wer man ist. Das verändert unser aller Leben – nicht nur in Lettland, sondern in vielen Ländern Europas. “

TSCHECHIEN

Geboren 1960 in Česká Lípa, Tschechien
Bürgermeister

VÍT VOMÁČKA

Der gute König von Kravaře

Er liebt Schlangen, Zigaretten und offene Worte. Als leidenschaftlicher Bürgermeister eines kleinen tschechischen Ortes verbringt er seit mehr als zwei Jahrzehnten fast seine gesamte Zeit im Rathaus.

Im Empfangszimmer des Bürgermeisters

Kravaře, 2012, Farbstift und Tusche auf Papier, 21 x 29,7 cm

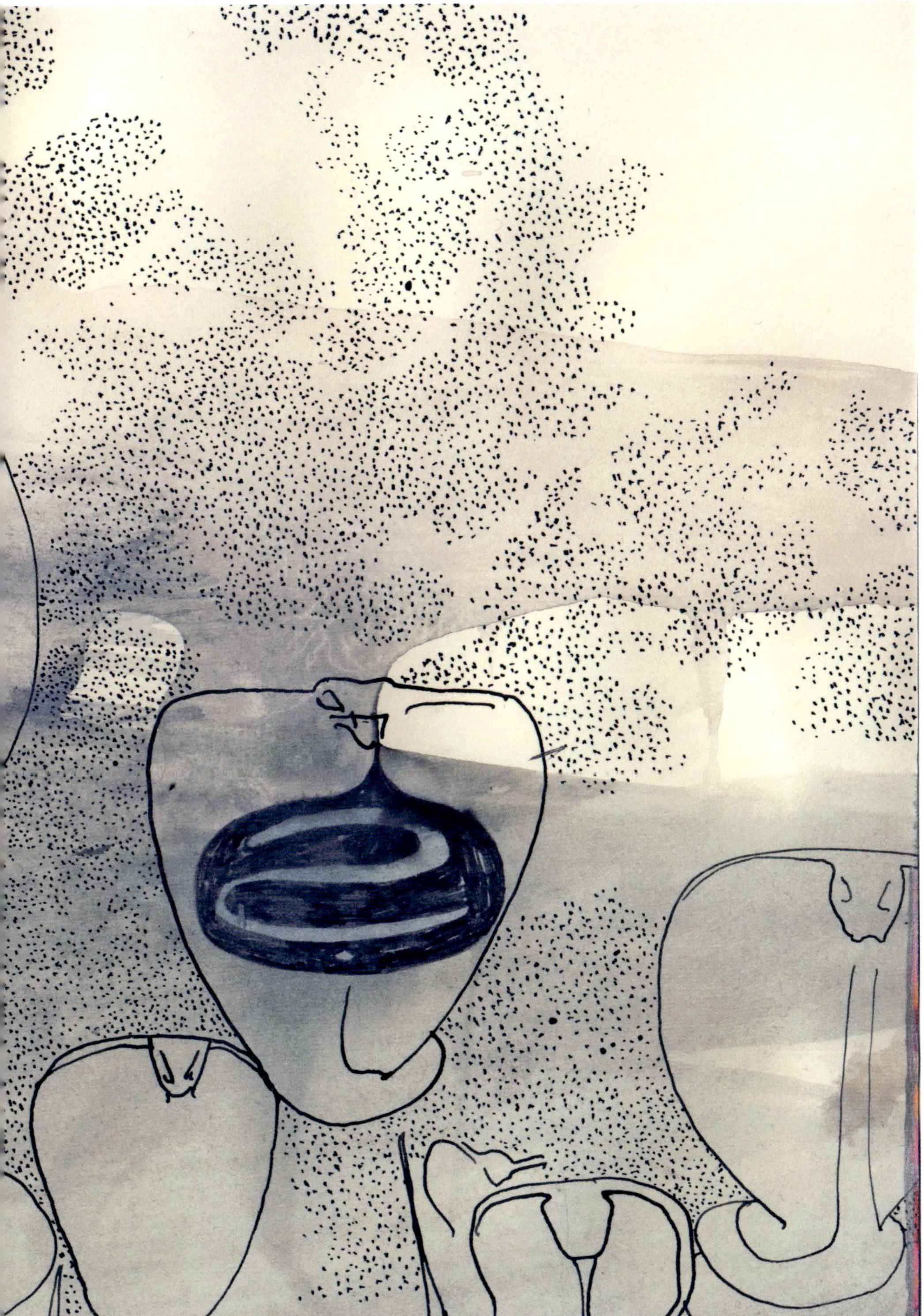

Tschechien, Kravaře am 15.08.2012

Sein Händedruck ist fest, die Stimme dunkel, der Kopf kahl, und um den Mund trägt er einen Henriquatre. Dieser Bart verdankt seinen Namen dem französischen König Heinrich IV., der als machtbewusster Herrscher und lebenslustiger Frauentyp galt und von den Franzosen heute noch als „guter König" verehrt wird. Das passt zu Vít Vomáčka, wie er da in seinem Empfangszimmer auf einem Sofa thront, das zu klein für ihn wirkt. Hinter sich eine Wand voller Bilder, die ihn mit wichtigen Menschen zeigen, zu seinen Füßen eine beeindruckende Sammlung hölzerner Schlangen, neben sich eine Übersetzerin zur Verständigung und die Grundschuldirektorin des Ortes zur allgemeinen Unterstützung. Später kommen noch zwei junge Frauen von der Lokalpresse dazu. Dennoch schafft Vít Vomáčka es mühelos, seine Aufmerksamkeit und seine Scherze gerecht zu verteilen. Er hat sich Zeit genommen an diesem Tag, um uns durch den Ort und dessen Geschichte zu führen, uns die Kirche und die restaurierten deutschen Gräber auf dem Friedhof zu zeigen und mit uns in seinem Büro Kaffee zu trinken, Zigaretten zu rauchen und Fragen zu beantworten.

In meinem alten Leben war ich mal anderthalb Jahre verheiratet. Das war genug.

❞ Ein Terrarium mit einer echten Schlange, das hätte ich hier gern gehabt im Rathaus. Aber ich dachte, das ist vielleicht nicht so gut. Wegen der vielen Besucher und weil Tiere so viel Arbeit machen. Während meines Wehrdienstes musste ich mich um 40 Hunde kümmern, ich weiß also, wovon ich spreche. So ist es stattdessen eine Sammlung von Holzkobras geworden. Sie stehen zwischen meinem Schreibtisch und der Sitzgruppe für Besucher. Es kommen oft Leute vorbei, die etwas auf dem Herzen haben, mehr als ein Dutzend am Tag. Sie kommen, wenn sie einen Rat brauchen, weil es Streit mit dem Nachbarn gibt, wenn die Straßenlaterne an der Bushaltestelle nicht funktioniert oder um sich zu beschweren, dass das Gras noch nicht gemäht ist.

Kravare hat 820 Einwohner. Wir haben einen Kindergarten, eine Grundschule, ein Infozentrum und eine Kirche, die wir auch für kulturelle Veranstaltungen nutzen. Neulich haben Schüler dort ein Theaterstück aufgeführt, irgendwann hat doch tatsächlich ein Handy geklingelt! Aber das gehört wohl zu einem lebendigen Ort. Ich bin seit 21 Jahren Bürgermeister, kenne jeden und kümmere mich um alles. Ich habe schon viele Brautpaare getraut. Und bevor die EU unseren Schulbus und den Fahrer mitfinanziert hat, bin ich selbst rumgefahren, um die Kinder zur Grundschule zu bringen. Ich kenne sie alle mit Namen und sie kennen mich. Die Kinder winken mir, wenn ich an ihnen vorbeifahre. Mir ist das wichtig, dass man sich grüßt in so einem kleinen Ort – überhaupt, der Kontakt zu den Bürgern. Ich möchte wissen, was sie beschäftigt.

Was ich mache, mache ich für die Leute. Und das sollte auch die Philosophie des Gemeinderats sein, finde ich. Egal ob linkes Lager oder rechtes Lager. Es kommt darauf an, was man tut, es geht um die Sache. Auf politische Machtspielchen habe ich keine Lust. Deswegen bin ich auch nie in eine Partei eingetreten, sondern frei. Das macht die Arbeit im Bürgerrat nicht immer leicht. Um zum Ziel zu kommen, bin ich immer auf die anderen Ratsmitglieder angewiesen. Mich ärgert nichts mehr als Faulheit, Dummheit und falsches Spiel. Ich bin für Offenheit, alle sollen sagen, was sie denken. Bei unserem jetzigen Rat funktioniert das gut, er ist der beste, den wir in meiner Amtszeit je hatten.

Vor Kurzem haben wir Gedenktafeln an den deutschen Gräbern auf dem Friedhof vor unserer Kirche anbringen lassen. Sie sind nicht als Kniefall vor den Deutschen zu verstehen, sie sind allein da, um der Toten zu gedenken. Wir sind hier in Nordböhmen nur wenige Kilometer von der Grenze zu Deutschland entfernt. Kravaře hieß früher Graber und war ein deutsches Dorf, ehemaliges Sudetenland. Jetzt ist es rein tschechisch. Die Grabsteine der Deutschen lagen lange Zeit verstreut in irgendwelchen Büschen und keiner hat sich um die Gräber gekümmert. Aber die Geschichte gehört zu diesem Ort, und der Gemeinderat hat einstimmig beschlossen, dass wir die Gräber wieder herrichten und eine Gedenktafel anbringen. Ich war überrascht, wie gut auch die Bürger die Restaurierung aufgenommen haben. Die Alten genauso wie die Jungen. Natürlich gab es wie bei allem, was man macht, jemanden, der dagegen gestänkert hat. Aber bei den meisten war die Neugier größer als die Skepsis und sie sind vorbeigekommen, um sich die Ruhestätten anzusehen. Bisher gab es keinen Vandalismus, das zeigt ja die Akzeptanz in der Bevölkerung. Aber ich habe auch versucht, sie darauf vorzubereiten und vorher erklärt, warum wir die Gräber restaurieren.

Eigentlich haben meine Eltern mich darauf aufmerksam gemacht, dass es sich gehören würde, sich um diesen Teil unserer Geschichte zu kümmern. Meine Mutter ist Grundschullehrerin und mein Vater Professor für Pädagogik und Psychologie. Unter den Russen durfte er nicht an der Hochschule lehren, deswegen wurde er bis zur Samtenen Revolution 1989 als Lehrer an verschiedene Schulen geschickt. Auch ich habe unter den politischen Zuständen gelitten, denn ich durfte nicht studieren. Ich habe dann eine Lehre als Traktorist gemacht, auf dem Feld gearbeitet und Maschinen repariert. Im Abendstudium bin ich später Ingenieur geworden.

Nun, dass ich mein Leben in einem Rathaus verbringen würde, hätte ich damals nicht gedacht. Ich hatte nie vor, in die Politik zu gehen. Aber jetzt bin ich sieben Tage die Woche hier. Zum Schlafen fahre ich ins 14 Kilometer entfernte Česká Lípa, wo ich bei meiner Mutter wohne. Den Weg nach Kravaře morgens nutze ich zur Vorbereitung des Tages. Ich telefoniere dann immer mit meiner Sekretärin, die mir sagt, was alles ansteht. Eigentlich schlafe ich gern lang und da ich der Chef bin, erwartet keiner, dass ich pünktlich bin. Meistens bin ich trotzdem um acht Uhr morgens da. Oft bleibe ich bis in den späten Abend hinein, vor allem wenn Gemeinderatssitzungen sind, so wie heute. Oder ich gehe abends noch ins Fitnesszentrum in die Sauna. Das brauch ich zum Ausgleich, zur Entspannung. Krank war ich als Bürgermeister noch nie – obwohl, einmal hatte ich einen Schnupfen.

In meinem alten Leben war ich mal anderthalb Jahre verheiratet. Das war genug. Aber dadurch habe ich zum Glück zwei wunderbare erwachsene Töchter. Die Ältere ist Lehrerin und die Jüngere studiert. Wenn ich sehe, wie viel sie unterwegs ist, wie sie Sprachen lernt, dann denke ich: So soll es sein. Die Menschen sollen sich über Grenzen hinweg treffen, zusammensitzen, reden, sich Dinge erklären. Das ist die Zukunft. “

PORTUGAL

Geboren 1984 in der Kolonialstadt Macao, heute China
Grafikdesignerin und Lehrerin

MARIANA PERRY

Sehnsucht nach Macao

Sie ist in einer portugiesischen Kolonie aufgewachsen und war immer anders als die anderen. Vielleicht hat sie daher ihre Ironie und ihr Talent zur Improvisation – als Freiberuflerin kann sie beides brauchen.

Portugal, Algés am 13.03.2013

„Willkommen auf der hässlichen Seite von Lissabon", sagt Mariana Perry. Sie zeigt auf eine vierspurige Straße, Bahngleise und einen staubigen Platz. Dabei macht sie eine Bewegung wie ein Zirkusdirektor, der sein schmutziges Pony präsentiert. Tadaa! Mariana Perry schlüpft in Rollen, wenn sie Geschichten erzählt. Sie ahmt Landsleute und Touristen nach, um Portugal und die Portugiesen zu erklären. Die blonde Frau mit der randlosen Brille musste sich das alles auch erst aneignen, denn aufgewachsen ist sie in Macao. Inzwischen kennt sie in der Bäckerei Name und Inhalt jedes süßen Teilchens, trauert aber immer noch den Reis- und Bohnensnacks ihrer Kindheit nach. Mit energischen Schritten führt sie uns durch die Kleinstadt, in der sie lebt. Algés ist so etwas wie ein Vorort von Lissabon. Die Häuser sind hier niedriger und die Azulejos, jene typischen Keramikfliesen an den Wänden, seltener. Danach geht es weiter nach Belém. Der Lissabonner Stadtteil liegt direkt am Tejo, dem längsten Fluss der Iberischen Halbinsel. Kurz bevor er ins Meer mündet, erinnert der Torre de Belém an das Zeitalter der europäischen Expansion. Mariana Perry weiß genau, aus welcher Zeit welche Schmuckdetails des einstigen Wachturms kommen.

❞ Mein Kunstgeschichtslehrer war eine recht unscheinbare Erscheinung, ein dünner, großer Mann. Er war der erste Lehrer, der mir ein Gefühl für Geschichte gegeben hat. Das war an der Highschool. Er begann bei der Renaissance – eine Zeit, aus der es in Portugal viele Zeugnisse gibt. Manchmal haben wir am Wochenende Exkursionen mit ihm gemacht. Wir haben uns unsere Laufschuhe angezogen und sind dann fünf Stunden mit ihm kreuz und quer durch die Stadt. Er hatte so lange Beine. Wenn er gelaufen ist, mussten wir rennen. Alle waren am Hecheln. Und er hat die ganze Zeit geredet, sich nicht mal umgedreht. Das hat viel Spaß gemacht.

An der Hochschule für Bildende Künste, wo ich studiert habe, sagten sie mir später: Vergiss erst mal alles, was Du bisher gelernt hast und fang neu an. Da war ich vielleicht angepisst. Es hatte so lange gedauert, bis ich kapiert hatte, wie Kunst und Geschichte zusammenhängen. Da wollte ich nicht schon wieder bei Null beginnen.

Heute bin ich Grafikdesignerin. Wir Grafikdesigner nennen uns allerdings gern Kommunikationsdesigner, weil das einfach besser klingt und wir natürlich viel besser sind als andere. Das hört sich ironisch an? Ich muss ironisch sein. Wenn ich alles ernst nehme, was man mir erzählt, ist alles so traurig. Wer glaubt denn bitte wirklich, dass das Studium für Bildende Kunst in Lissabon besser ist als anderswo? Es hat doch alles zweitausend oder dreitausend Seiten.

Wenn mein Freund João von seiner Heimat spricht, klingt es so, als sei Portugal das beste Land überhaupt. Wenn mich all die Pessimisten hier nerven und ich sage: Komm, lass uns woanders hingehen, sagt er: Nein, mein Land braucht mich jetzt. Wir sind seit langer Zeit ein Paar, wohnen zusammen, kennen unsere Familien. Wenn wir Joãos Eltern besuchen, gucken wir manchmal Nachrichten mit ihnen. Das ist irre anstrengend, weil die sich alle so aufregen: „Schaut Euch die Krawatte von diesem Typen an! Ich wette, die ist genauso teuer wie mein Auto!" Ich denke dann: Hey, es ist Wochenende, ich möchte das gute Essen genießen. Warum muss denn, wenn etwas schlimm ist, alles gleich so dermaßen schlimm sein? Und wenn es gut ist, immer sofort überwältigend? Diese Übertreibungen nerven mich.

10 Uhr, Spaziergang durch Algés

Lissa I, 2013, Tusche und Acryl auf Papier, 50 x 35 cm

Ich sehe die Dinge aus einer anderen Perspektive. Persönlichkeit und Charakter bilden sich in der Jugend. Da entscheidet sich der ganze Kurs. Und meine Jugend war international.

Ich habe in Macao gelebt bis ich 16 war. Meine Eltern sind weg aus Lissabon, weil sie Arbeit gesucht haben. Die wirtschaftliche Situation war in Portugal damals schon schwierig. Macao liegt westlich von Hongkong und war lange portugiesisch regiert. Das Wort Kolonie verwendet man heute ja nur noch ungern, aber natürlich war Macao eine. 1999 ging die Regierung an die Chinesen über, die Handelswege änderten sich. Kurze Zeit später sind meine Eltern mit meiner kleinen Schwester und mir nach Portugal zurückgekehrt.

Ich habe es hier gehasst, obwohl ich dem Pass nach Portugiesin bin. Der Geruch war so anders. In Macao herrscht tropisches Klima, alles ist nass, die ganze Zeit. In der Schule läuft pausenlos die Klimaanlage. Die Taxis riechen nach Jasminblüten und die Busse nach einem komischen Antiseptikum. Das soll Infektionen verhindern, wenn die Schulmädchen in ihren kurzen Röcken die Plastiksitze vollschwitzen. Alle Gerüche haben mit Feuchtigkeit zu tun. In Lissabon war die Luft ungewohnt trocken, ich musste die ganze Zeit trinken. Es roch nach Dreck und Hundekacke. Und der Regen wusch kaum etwas weg. Außerdem war der Duft nach Eukalyptus, Lavendel und Rosmarin im Sommer so intensiv – davon wird mir heute noch schwindelig.

In Lissabon war die Luft ungewohnt trocken, ich musste die ganze Zeit trinken. Es roch nach Dreck und Hundekacke.

Mit der Sprache war das auch so eine Sache. In Macao habe ich mit meinen Eltern Portugiesisch geredet, sonst meistens Englisch, auf Chinesisch konnte ich die Basics. Wir Teenager hatten so einen Mix aus den drei Sprachen – Hauptsache, es klang cool. Als ich in Lissabon auf die Highschool kam, habe ich gemerkt, dass mein Portugiesisch melodischer war und meine Tonlage höher als bei den anderen. Nicht nur deswegen war ich eine Außenseiterin. Ich hatte diesen Hintergrund, über den ich mit niemandem sprechen konnte, weil keiner mich verstanden hätte.

Wir Portugiesen waren in Macao eine Minderheit, obwohl wir an der Regierung waren. Die Hauptkultur war chinesisch. Ich habe in einem dreißigstöckigen Hochhaus gewohnt, mit vier Apartments auf jeder Seite, das Gebäude gab es viermal. In den Häusern waren auf jedem Stockwerk ein Schrein mit einer Orange, eine Schale Reis und natürlich der dicke, finster dreinblickende Typ. Überall war Rauch. Sie mussten die Rauchmelder weniger sensibel einstellen, sonst hätte es in den Häusern jeden Tag geregnet.

Das alles gehört zu meiner Kultur. Nicht zu der meiner Eltern. Meine Mutter ist in Lissabon aufgewachsen, ganz in der Nähe meiner Wohnung. Macao ist heimisch für mich, aber fremd für sie. Meine Mutter sagt immer: Meine Schwester und ich hätten kein Vaterland. Und so empfinde ich es auch.

12 Uhr, Erinnerungen an Macao

Lissa II, 2013, Tusche und Acryl auf Papier, 50 x 35 cm

Europa funktioniert nicht als ein Land, es existiert nicht als eine Einheit, sondern als eine Ansammlung von Grenzen.

Ich habe keinen festen Job. Ich hab es versucht, aber mein Chef hat mich nur sechs Monate bezahlt, dann sechs Monate nicht. Ich bin vor Gericht gegangen. Er muss seine Schulden jetzt in monatlichen Raten von 200 Euro begleichen. Das war meine Erfahrung mit dem Angestelltsein.

Jetzt bin ich frei. Ich illustriere für eine Zeitung. Ungefähr alle zwei Wochen bekomme ich einen Auftrag für die Samstagsausgabe. Sonst passiert nicht viel. Eigentlich habe ich eine Agentur, die mir Jobs verschaffen soll und dafür die Hälfte des Honorars bekommt. Aber das klappt nicht richtig. Am liebsten würde ich nur als Illustratorin arbeiten. Doch mein regelmäßiges Einkommen kriege ich als Lehrerin. Ich gebe Grundschülern Englischunterricht, was auch echt Spaß macht! Außerdem übersetze ich manchmal Texte.

Ohne festen Vertrag muss man lauter kleine Teile zu einem funktionierenden Ganzen zusammensetzen. Manchmal verdiene ich genug, manchmal nicht. Dann lebe ich von der Hand in den Mund. Ab nächster Woche haben meine Grundschüler Osterferien. Dann bin ich zwei Wochen arbeitslos. Manchmal frage ich in solchen Situationen meine Tante, ob sie irgendwas für mich zu tun hat. Improvisation gehört hier zum Job. Das liegt auch daran, dass Portugal so portugiesisch ist. Die Leute haben einen Hang dazu, sich runterzumachen. Sie beklagen sich, dass es ihnen so schlecht geht. Andererseits genießen sie diesen Zustand auf eine Art, weil sie dadurch ein Gesprächsthema haben. In Wahrheit wissen die Portugiesen, dass sie weder die Mittel noch den Willen haben, sich auf eine Weise zu entwickeln, wie das zum Beispiel Deutschland nach dem Krieg gemacht hat.

Dieses ganze gemeinsame europäische Projekt, die EU – für mich ist das eher eine schöne Idee. Aber sie basiert nur auf wirtschaftlichen Erwägungen. Sie hat nichts mit Kultur zu tun! Eine kulturelle Dimension bekommt ein solcher Staatenbund erst, wenn jeder einzelne beginnt, wirklich mit den Menschen in den anderen Ländern zu reden. Trotzdem wird ein Portugiese immer ein Portugiese bleiben. In einem anderen Land wird er nach seinem Brot und seinem Wein suchen, er wird Familie weiterhin als eine nahe Gruppe von hundert Leuten betrachten. Europa funktioniert nicht als ein Land, es existiert nicht als eine Einheit, sondern als eine Ansammlung von Grenzen. **“**

13 Uhr, im Gespräch zu Hause
Aboim, 2013, Tusche und Acryl auf Papier, 50 x 35 cm

D E U

T S C

H L A N D

Geboren 1977 in Iaşi, Rumänien
1. Violine bei den Philharmonikern Hamburg

BOGDAN DUMITRAŞCU

Hamburgs Erste Geige

Er ist Musiker, kommt aus Rumänien und lebt in Deutschland. Wenn er morgens auf seinem Smartphone nachschaut, wie das Wetter in seinem Geburtsort ist, denkt er: Scheiße!

10 Uhr, Orchesterprobe in der Hamburgischen Staatsoper

Dammtor I, 2012, Tusche auf Papier, 21 x 29 cm

Deutschland, Hamburg am 25.04.2012

Wenn an einem Samstag im April ausnahmsweise mal die Sonne scheint, verschlafen die Hamburger sie. Die Innenstadt rund um die Oper ist morgens um halb neun wie leergefegt. Nur auf den schattigen Bühneneingang laufen ab und zu Menschen mit unförmigen großen Koffern zu, denn gleich ist Orchesterprobe. Einer von ihnen trägt eine dunkle Schiffermütze auf dem kurzen, etwas schütteren Haar. Jung wirkt Bogdan Dumitraşcu trotzdem: Seine dunklen Augen blitzen verschmitzt, als er behauptet, dass man in Rumänien wahrscheinlich noch gegen Bären gekämpft habe, während hier 1678 das erste öffentliche Opernhaus Deutschlands gegründet wurde. Sein Deutsch fließt schneller als bei den meisten Hamburgern – egal, ob er gerade Kantinenkaffee trinkt, eine Pizza Calzone isst oder im Auto sitzt. Doch wenn er die Geige an sein Kinn legt, verstummt er.

» Mit 19 bin ich in Rostock aus dem Zug gestiegen. Es war alles grau, Plattenbauten, richtig hässlich. Was machst Du hier, habe ich mich gefragt. Es sieht ja genauso aus wie in Rumänien! Ich hatte nur einen Koffer dabei, konnte die Sprache nicht und wusste nur, dass ich in der Violinklasse von Professor Petru Munteanu an der Rostocker Musikhochschule studieren würde. Sonst hatte ich keine Ahnung, was mich erwartet. Aber ich habe mich gefreut, dass es jetzt professionell in Richtung Musik geht. Es gibt kein anderes Land auf der Welt, das so tolle Orchester hat wie Deutschland!

Dass ich Geiger werden muss und möchte, wusste ich schon mit sieben Jahren. In dieser Reihenfolge: erst muss, dann möchte. Meine Tante ist Geigerin. Sie hat mich damals gefragt, ob ich auch Geige lernen will. Ich habe ja gesagt, damit war die Sache klar. Ich kam an eine Spezialschule für Musik und danach hat mich niemand mehr gefragt, ob ich das will. Als Achtjähriger habe ich schon zwei Stunden geübt, während mein Bruder Razvan draußen Fußball gespielt hat. Er ist später auch Musiker geworden, Hornist. Mit dem Horn muss man nicht so früh anfangen wie mit der Geige.

Manchmal habe ich mich ums Üben gedrückt. Da habe ich zwei, drei Kritzeleien in die Noten gemacht und mir am Hals die Stelle rot gerieben, wo die Geige einen Abdruck hinterlässt. Irgendwann dachte ich: Ich hör auf und mach was anderes. Dann bin ich die Möglichkeiten durchgegangen: Mathe – schwierig, da muss man sehr fit im Kopf sein und lernen. Sprachen – da muss man auch seine Hausaufgaben machen. Gut, dann eben Handwerker wie mein Vater, ein Schlosser. Ich habe seine breiten Hände vor mir gesehen, die immer schmutzig waren. Am Ende habe ich beschlossen, doch bei der Geige zu bleiben.

Unser Orchester ist sehr international, die Musiker kommen aus Dänemark, Japan, Polen, Schweden, Frankreich, Russland und vielen weiteren Ländern. Fast alle Orchester sind so. Musik ist nicht an irgendetwas gebunden, wie zum Beispiel die Wirtschaft. Um hier in der freien Wirtschaft erfolgreich zu sein, muss man das deutsche Wirtschaftssystem und die Sprache kennen. Musik ist eine internationale Sprache. Man muss nur ein Instrument beherrschen, um mitreden zu können. Ich bin glücklich, dass ich es hierher geschafft habe.

13.30 Uhr, Mittagessen im Ristorante Da Donato, Hamburg-Neustadt

Colonaden, 2012, Tusche auf Papier, 21 x 29 cm

16 Uhr, Ausruhen zu Hause in Hamburg-Niendorf

Niendorf, 2012, Tusche auf Papier, 29 x 21 cm

Die Türken denken, ich bin Türke. Und die Italiener sprechen mich manchmal auf Italienisch an. Ich liebe die Goldberg-Variationen von Johann Sebastian Bach, esse gern bei einem Franzosen in der Nähe der Oper und mag amerikanische Filme. Meine Freundin ist Deutsche und mein bester Freund kommt aus Tschechien. Ich fühle mich also oft ziemlich europäisch.

Was an mir typisch rumänisch ist? Am ehesten mein Temperament. Wenn mich etwas ärgert, steigert sich von Satz zu Satz meine Emotion – bis ich anfange zu schreien. Ich habe viel für Gefühle übrig. Wenn mir etwas gefällt, kann ich nicht sagen, warum, sondern ich fühle das. Meistens schon beim ersten Eindruck. Das ist bei Wohnungen der Fall, bei Autos und in der Musik sowieso. Aber ich habe auch eine deutsche Seite, nämlich meine Pünktlichkeit und Gründlichkeit. Ich finde es gut, diese beiden Seiten zu haben, auch wenn sie manchmal streiten. Das gehört irgendwie zu mir. Bei den Rumänen stört mich dann, dass sie ständig aus dem Gefühl heraus handeln, ohne großartig über die Folgen nachzudenken. Und bei den Deutschen stört mich, dass sie sich so in Details verlieren können, bis ich sagen will: Kommt, lasst gut sein jetzt!

Wenn mich etwas ärgert, steigert sich von Satz zu Satz meine Emotion – bis ich anfange zu schreien.

Wenn ich in Rumänien bin, vermisse ich Deutschland. Und wenn ich hier bin, vermisse ich Rumänien. Andererseits kann ich gar nicht sagen, was mir genau fehlt. Vielleicht ist es eher die Angst, etwas zu verlieren, was ich mal hatte. Ich war die ersten 19 Jahre meines Lebens Rumäne. Jetzt bin ich älter und nicht mehr ganz Rumäne. Ich habe Angst, dass ich irgendwann gar kein Rumäne mehr bin.

Meine Freundin und ich wollen heiraten, aber es ist kompliziert, weil ich rumänischer Staatsbürger bin. Ich hatte mir das ganz einfach vorgestellt, weil Rumänien ja zur EU gehört. Aber komischerweise erstellt Rumänien kein Heiratsfähigkeitszeugnis und ich brauche deswegen andere Papiere. Um die zu bekommen, müsste ich hinfahren, oder meinen Vater mit einer Vollmacht ins zuständige Amt schicken. Dann muss alles übersetzt werden von Deutsch auf Rumänisch, von Rumänisch auf Deutsch, immer hin und her. Die Papiere müsste ich zum Gericht schicken und die prüfen mindestens drei, vier Monate, ob ich kein Terrorist bin oder sonst was. Nun versuche ich, mich einbürgern zu lassen, weil das vielleicht schneller geht. Außerdem lebe ich schon so lange hier, dass ich gern beide Staatsbürgerschaften hätte.

Wenn es dann doch mal klappt mit dem Heiraten und wir vielleicht irgendwann Kinder haben, wäre es mir sehr wichtig, dass wir viel Zeit in Rumänien verbringen. Ich glaube, man sollte seine Wurzeln kennen und pflegen. Meine Kinder sollen sich in Rumänien nicht wie Ausländer vorkommen.

Ich glaube, man sollte seine Wurzeln kennen und pflegen. Meine Kinder sollen sich in Rumänien nicht wie Ausländer vorkommen.

Ich wünschte mir, dass ich meine beiden Heimaten irgendwie verbinden könnte. Mein Geburtsort ist 2000 Kilometer von Hamburg entfernt. Trotzdem gucke ich immer in der Wetter-App nach, ob dort die Sonne scheint. Und dann denke ich: Scheiße! Die haben schon 25 Grad und hier regnet's. Ich wünschte mir, dass ich ein halbes Jahr dort leben könnte und ein halbes Jahr hier. Vielleicht geht das irgendwann. Vielleicht könnte ich dort unterrichten oder in einem Orchester spielen. Ich wünschte mir, dort einen Alltag zu haben wie hier. Aber das ist schwierig. Man muss Kontakte pflegen und im kulturellen Bereich gibt es für nix Geld. In Rumänien noch weniger als in Deutschland.

Ich habe alle möglichen Rentenversicherungen. Aber wenn ich an die Zukunft denke, überlege ich manchmal: Hier hätte ich als alter Mann vielleicht zu wenig zum Leben, aber in Rumänien würde ich damit hinkommen. Bald werde ich die Hälfte meines Lebens in Deutschland verbracht haben. Irgendwann werde ich hier viel länger gelebt haben. Ob ich mir dann noch vorstellen kann, nach Rumänien zurückzugehen? Ich weiß es nicht. “

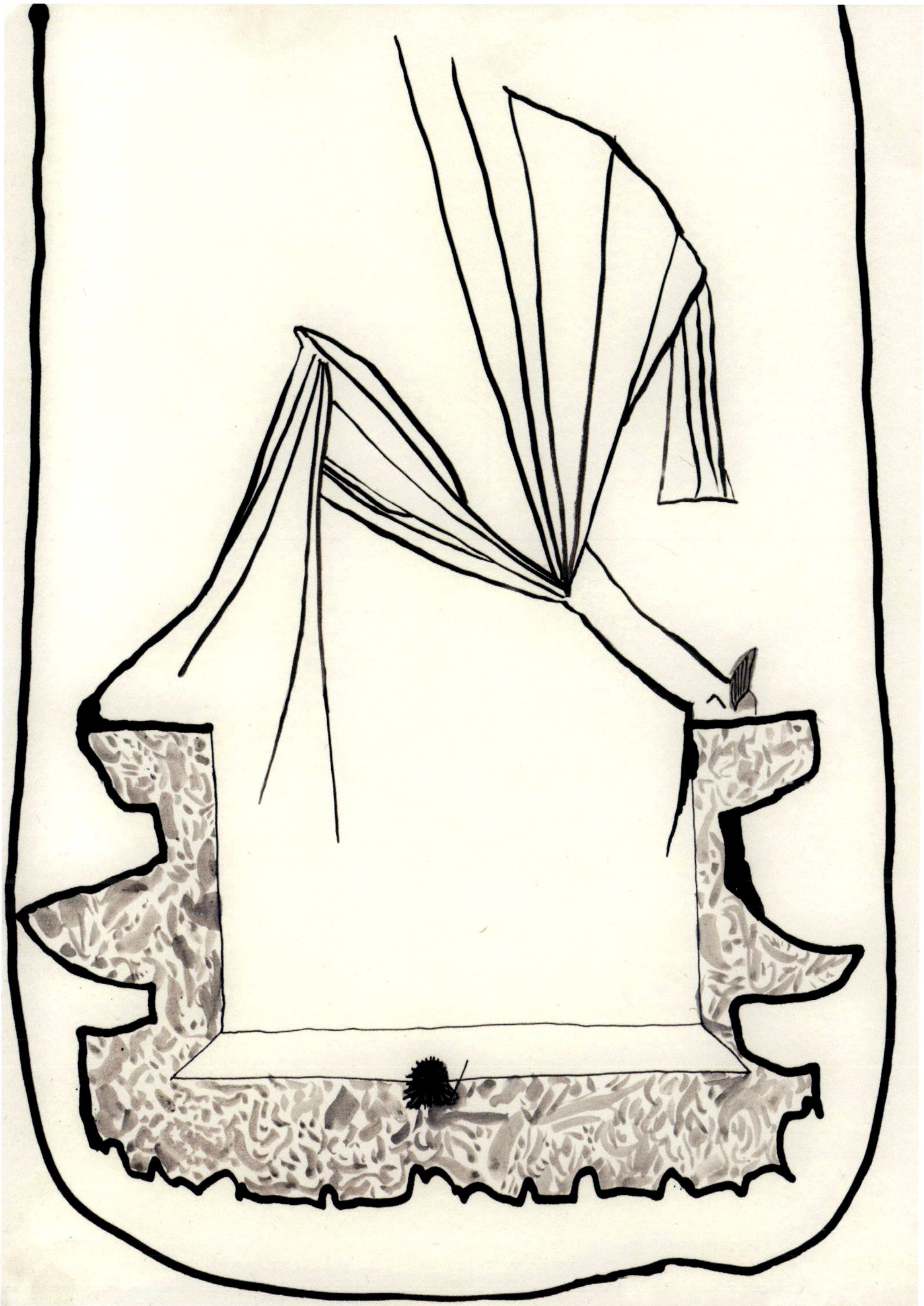

19.30 Uhr, Vorstellung in der Hamburgischen Staatsoper

Dammtor II, 2012, Tusche auf Papier, 29 x 21 cm

RUMÄNIEN

Geboren 1978 in Iaşi, Rumänien
Hornist an der Oper in Braşov

RAZVAN DUMITRAŞCU

Das Horn aus Siebenbürgen

Der Musiker musste nach Deutschland gehen, um dort seine rumänische Frau zu treffen. Anders als sein älterer Bruder ist er nach dem Studium in sein Heimatland zurückgekehrt.

Rumänien, Sânpetru am 20.07.2012

Mit lautem Gebell und großer Herzlichkeit werden wir in Sânpetru, einem kleinen Ort bei Braşov, empfangen. Einen der drei Hunde gab's zum Haus dazu, das Razvan Dumitraşcu mit seiner Frau Diana vor vier Jahren gekauft hat. Drinnen schläft ihre wenige Tage alte Tochter, die dafür sorgt, dass ihre Eltern bei allem, was sie tun und sagen, beseelt wirken. Trotz des Ereignisses nimmt Razvan Dumitraşcu sich Zeit und zeigt uns die Umgebung. Im alten Benz fährt er uns nach Braşov und Honigberg, flucht unterwegs über die Autofahrer aus Bukarest, winkt Freunden am Wegesrand und fragt immer wieder, ob wir noch etwas brauchen. Er ist genauso freundlich und offen wie sein älterer Bruder Bogdan, den wir vor ein paar Monaten in Hamburg kennengelernt haben, aber ähnlich sehen sie sich nicht. Razvan Dumitraşcu hat wuschelige dunkle Haare auf dem Kopf und ist deutlich schlaksiger. Er habe das Glück, nach seinem Vater zu kommen, sagt er.

❞ In meine rumänische Frau habe ich mich in Düsseldorf verliebt. Diana und ich haben uns in der Fachhochschule getroffen, wo die theoretischen Kurse fürs Musikstudium stattfanden. Irgendwann habe ich ihr eine SMS geschrieben, um sie zu fragen, ob sie zur Semesterabschlussfeier kommt: Hi du Schöne mit den (braunen, grünen, blauen) Augen. Kommst du zur Party heute Abend? Dummerweise hatte ich nicht nur ihre Augenfarbe vergessen, sondern auch meinen Namen darunter zu schreiben. Sie hat natürlich nicht geantwortet, wahrscheinlich dachte sie: Was für ein verrückter Scheiß! Ich habe sie später angerufen. Sie hat gelacht, als sie gehört hat, dass ich das war – und vorgeschlagen etwas trinken zu gehen. Eigentlich meinte sie: mit allen Rumänen, die an der Hochschule waren. Aber ich dachte, sie meinte nur mich. Als wir uns an der U-Bahn Nordstraße getroffen haben, hat sie gefragt: Wo sind die anderen? Und ich meinte: Welche anderen? Wir sind alleine los und haben dann festgestellt, dass wir sieben Jahre zuvor in der rumänischen Stadt Iaşi schon mal bei einer Preisverleihung auf derselben Bühne standen. Sie bekam einen Preis für Musiktheorie, ich fürs Horn-Spielen.

Danach waren wir mal zusammen essen. Als ein Zigeuner mit einer Rose vorbeikam, habe ich ihr eine gekauft. Und als wir mit der U-Bahn nach Hause fuhren, habe ich einen blöden Spruch gebracht, sowas wie: Wenn du mit zu mir kommst und bleibst, werde ich dich die ganze Nacht lieben. Sie ist geblieben. Und jetzt sind wir hier mit Kind, Haus, Katz und Maus. Und glücklich. Und wieder in Rumänien.

7.30 Uhr, Frühstück zu Hause in Sânpetru
Sânpetru I, 2012, Acryl und Tusche auf Papier, 29,7 x 21 cm

In der vierten Klasse habe ich gestreikt. Ich bin den ganzen Tag mit Bussen und Straßenbahnen gefahren, statt in die Generalschule 32 für Mathe und Physik zu gehen. Ich hatte immer so viele Hausaufgaben. Und ich war neidisch auf meinen Bruder Bogdan, weil er nur Geige üben musste. Damals dachte ich noch, üben sei wie spielen. Nach zwei Wochen ist mein Schwänzen aufgeflogen, als die Lehrerin anrief. Das war der Anfang meiner Laufbahn als Hornist. Denn meine Eltern haben nicht geschimpft, sondern sich gefragt: Was machen wir mit dem Jungen? Mein Opa und mein Vater wollten, dass ich Ingenieur werde. Meine Mutter, meine Tante und meine Oma wollten, dass ich irgendwas mit Kunst mache. Im Sommer waren wir dann, wie jede Woche, in einem Konzert in der Philharmonie. Da hat sich ein Hornist eingespielt. Ich habe dieses Horn gesehen, rundum glänzend gelb. Das hat mir gefallen. Meine Tante hat dann den Hornlehrer vom Kunstgymnasium angesprochen: Schau dir mal den Jungen an, passen seine Lippen zum Horn? Er hat mich begutachtet, ich kam mir vor wie ein Pferd. Ja, Zähne sind okay, sagte er. Bringt ihn zu mir. Die Frauen aus meiner Familie haben sich also durchgesetzt. Nach der Schule begann ich in Bukarest Horn zu studieren, später bin ich nach Düsseldorf gewechselt.

Als Musiker bist du dein Leben lang Sklave.

Was ich selbst gewollt hätte? Ich habe immer gern Flugzeuge und Fahrzeuge zusammengebaut und stundenlang Autos gezeichnet. In Deutschland habe ich sogar noch mal darüber nachgedacht, etwas in Richtung Autodesign zu machen, als es schwierig wurde mit der Musik. Als Musiker bist du dein Leben lang Sklave. Mit einem Instrument musst du jeden Tag trainieren, ähnlich wie ein Sportler. Wenn du nachlässt, verlieren die Muskeln ihre Kraft. Ich habe nach dem Studium einige Probespiele für verschiedene Orchester mitgemacht. Aber ich habe keine Stelle gefunden. Hornisten werden einfach nicht so viele gebraucht wie Streicher, und die Konkurrenz ist groß.

2008 sind wir dann nach Rumänien zurückgegangen und nach Braşov gezogen. Nach einer schwierigen Zeit am Anfang habe ich eine Stelle an der Oper bekommen. Im Vergleich zu dem, was mein Bruder in Hamburg an der Oper verdient, ist mein Lohn peinlich klein. Ich bekomme umgerechnet etwa 250 Euro im Monat. Allerdings muss ich auch längst nicht so viel arbeiten wie Bogdan. Hier ist es ruhiger, weniger Druck. Und zusammen mit dem höheren Gehalt meiner Frau reicht das Geld. Diana arbeitet inzwischen in einem amerikanischen Unternehmen, das für andere Firmen die Kundenbetreuung übernimmt. Sie telefoniert zum Beispiel mit Leuten in Deutschland, Österreich und der Schweiz. Sie werden von Rumänien aus beraten, weil die Arbeitskräfte hier billiger sind.

11 Uhr, Orchesterprobe in der Opera Braşov

Braşov, 2012, Acryl und Tusche auf Papier, 29,7 x 21 cm

Sehnsucht nach Rumänien hatte ich immer. Diana und ich waren oft in den Ferien dort. Wir fuhren damals einen Daihatsu Applause, ein sehr passendes Auto für Musiker. Mein Bruder und mein Onkel hatten uns das zur Hochzeit geschenkt. Ein Japaner, spritzig, ganz toll. Aber wenn wir mit ihm in Richtung Deutschland gefahren sind, wurde ich mit jedem Kilometer trauriger. Komm, lass uns umdrehen und noch ein bisschen bleiben, habe ich zu Diana gesagt.

In Düsseldorf war ich immer antriebslos. Die Wolkendecke hing so tief, ich hatte das Gefühl, es lastet etwas auf meinem Kopf. Es gibt die Theorie, dass das Land, in dem du geboren bist, eine bestimmte Energie hat. Wenn du die gewohnt bist, ist das in dir eingewachsen. Ein anderes Land hat eine andere Energie. Entweder du kommst damit zurecht oder dir wird immer was fehlen. Das ist dieses Heimatgefühl oder das, was man Heimweh nennt. Bei mir war das ausgeprägter als bei meinem Bruder, der nach seinem Studium in Hamburg geblieben ist.

Natürlich hätte ich gern einen Porsche,
aber zufrieden bin ich auch mit einem Fahrrad.

Nach zehn Jahren in Deutschland sehe ich die Rumänen allerdings auch anders. Mich stört, dass sie es nicht hinkriegen mit den Autobahnen und saudumme Verträge mit amerikanischen Firmen abschließen. Mich stört die Art, wie Politik gemacht wird. Mir fällt einfach viel stärker auf, was alles noch getan werden muss. Durch den EU-Betritt hat sich schon etwas bewegt. Aber er hat auch negative Folgen. Die Handelsfreiheit bedeutet zum Beispiel auch, dass in Markenketten wie Real, Kaufland und Metro die günstigsten Kartoffeln aus Deutschland kommen und wir die besser schmeckenden rumänischen Kartoffeln in Massen wegschmeißen, weil sie nicht ganz so perfekt geformt sind. Man ist es hier einfach noch nicht gewohnt, ein bisschen mehr nachzudenken beim Einkaufen. Nach 40 Jahren Kommunismus sind die meisten zufrieden, dass es überhaupt so viel zu kaufen gibt. Und dann wundern sich die Leute, dass die Tomaten nicht mehr so lecker sind wie früher. Kein Wunder, sie kaufen ja Wasserbomben aus Holland!

Das ist auch ein Grund, warum wir in unserem 700 Quadratmeter großen Garten alles selbst anbauen: Tomaten, Gurken, Zucchini, Weiß- und Rotkohl, Paprika, Peperoni, Kartoffeln, Erbsen, Mais, Zwiebeln, Knoblauch und alle möglichen Kräuter. Da weiß ich wenigstens, was ich esse.

16 Uhr, Arbeit im Garten zu Hause

Sânpetru II, 2012, Acryl und Tusche auf Papier, 21 x 29,7 cm

Das soziale Leben hier ist wunderbar. Meine Frau leitet den Chor der benachbarten Gemeinde in Honigberg, dort haben wir sehr gute Freunde gefunden. Das ist das Tolle daran, dass ich nur drei oder vier Stunden am Tag arbeite: Ich habe Zeit für unseren Garten und Zeit, mit Freunden ein Bierchen zu trinken. Natürlich hätte ich gern einen Porsche, aber zufrieden bin ich auch mit einem Fahrrad. Ich bin von der Mentalität her eben ein Mensch, der sich nicht mehr streckt, als die Decke hoch ist. Damit fühle ich mich ganz rumänisch. Das heißt aber nicht, dass ich nicht schon immer auch Europäer war. Als kleiner Junge habe ich viel Karl May gelesen. Ich meine, in einem seiner Bücher wäre mir zum ersten Mal die Idee eines vereinten Europas begegnet. Dass es ohne Grenzen sein wird und alle nach den gleichen Gesetzen leben sollen. Ich finde die Idee immer noch großartig,

19 Uhr, Chorprobe in Honigberg
Honigberg, 2012, Acryl und Tusche auf Papier, 21 x 29,7 cm

aber ich glaube einfach nicht, dass man die Länder ökonomisch vergleichen kann. Das ist utopisch. Und ich finde es nicht gut, wenn die großen starken Länder bestimmen, was die kleineren Länder mit ihrem Geld anfangen.

Abgesehen vom Wirtschaftlichen sehe ich aber eine Ähnlichkeit in der Art, wie wir in Europa als Menschen leben. Wie wir denken, wie wir uns anziehen, wie wir einkaufen gehen, was für uns wichtig ist, wie wir in die Zukunft schauen. Wir sind anders als die Amerikaner. Ich werde nie kapieren, warum die Holzhäuser in Gegenden bauen, in denen ein Tornado vorbeikommen könnte. Ich könnte mir niemals vorstellen, in Amerika zu leben. Alles groß zu haben und in großen Mengen – das würde ich nicht ertragen. “

POLEN

Geboren 1936 und 1933 in Zabrze, heute Polen
Hausfrau und Ökonom

JUTTA KABSA & FRYDERYK KABSA

Goldene Hochzeit in Schlesien

Sie haben ihr ganzes Leben an einem Ort verbracht. Früher als Großfamilie in zwei Zimmern, heute als Paar im eigenen Haus. Ihre Kinder, Enkel und Urenkel wohnen in Polen, Deutschland und Schweden. Doch zum Glück, sagen sie, gebe es ja Skype.

Polen, Zabrze am 08.07.2012

„Ihr seid pünktlich, da habt ihr schon mal einen Pluspunkt gesammelt", sagt die Tochter von Jutta und Fryderyk Kabsa, als wir ins Haus kommen. „Evchen" ist zu Besuch aus Berlin und sitzt während des Gesprächs mit am großen dunklen Esstisch ihres Elternhauses. Irgendwann holt sie ein Album. Auf den Fotos sind Jutta und Fryderyk Kabsa in Wien zu sehen. Er, wie er den Arm um sie legt. Sie, lächelnd im geblümten T-Shirt. „Ich trage ja heute dasselbe!", bemerkt Jutta Kabsa verlegen. Die Reise haben sie von ihren drei Kindern zur Goldenen Hochzeit geschenkt bekommen. Ins Ausland zu reisen war lange nicht selbstverständlich für sie. Die Familie durfte das Land nicht verlassen. Es klingt, als sei die Welt der Kabsas lange Zeit eng gewesen, aber immer voller Wärme. Nun sind ihre Haare weiß und sie gehen auf die Achtzig zu. So spontan, wie sie uns mit Käsekuchen bewirten und ihre Scherze miteinander machen, wirken sie jedoch jünger. Sie mussten sich im Leben oft auf neue Umstände einstellen. Wenn sie davon erzählen, legt er ihr hin und wieder beiläufig die Hand auf den Arm.

Bei Jutta Kabsa im Wohnzimmer

Kazimierza I, 2013, Tusche und Acryl auf Papier, 27,5 x 21cm

❞ **Fryderyk:** Mein Schwager hat mit meiner Frau in der Kokerei gearbeitet – damals gab es hier zehn Zechen, heute ist es nur noch eine. Er hat uns zu einem Rendezvous verabredet. So kam es, dass wir uns in einem Café in Zabrze getroffen haben.

Jutta: Es war also nicht besonders romantisch, wie wir uns kennengelernt haben. Doch nach einem halben Jahr waren wir verheiratet.

Fryderyk: Aber wir mussten nicht. Unser ältester Sohn kam planmäßig auf die Welt. Hier in Zabrze, wie wir. Nur dass Zabrze damals Hindenburg hieß. Denn wir sind noch im Deutschen Reich geboren. Dann begann der Zweite Weltkrieg, 1945 kamen die Russen. Es herrschte Kriegsrecht. Meine Tanten wurden vergewaltigt, eine wurde erschossen. Mein Vater, ein Fleischermeister, wurde für fünf Jahre interniert. Er musste in Lettland eine Zuckerfabrik mit aufbauen. Das alles lastete auf uns. Unser Radio wurde uns genommen, meiner Frau ihr Klavier.

Jutta: Bis 1945 gehörte dieser Teil von Oberschlesien zum Deutschen Reich, danach zu Polen. Das war für uns eine riesige Veränderung. Von einem Tag auf den anderen durften wir in der Schule überhaupt kein Deutsch mehr reden. Ab dem 13. April 1945 fing der Unterricht wieder an – auf Polnisch. Wir konnten vorher kein Wort. Es hing sehr vom Lehrer ab, wie wir damit zurechtkamen. Es gab solche, die Verständnis hatten...

Fryderyk: ... und solche, die Backpfeifen verteilten.

Jutta: Mit Prügel erreichten sie aber gar nichts. Nur, dass manche aus Angst nicht mehr zur Schule gingen. Ich selbst habe keine einzige Klasse ausgelassen und danach angefangen zu studieren. Das habe ich aber bald wieder aufgehört. Erst war ich lange krank, später hatte mein Vater etwas mit dem Herzen. Es hat sich so ergeben, dass ich mich um meine Eltern kümmerte und in einem Büro arbeitete. Dann habe ich Fryderyk kennengelernt und die Kinder kamen.

Fryderyk: Zwischen uns gab es eine Abmachung. Ich arbeite, meine Frau bleibt zu Hause. Um die Familie zu ernähren, hatte ich manchmal drei Stellen gleichzeitig. Die wichtigste war immer die Stelle an der technischen Hochschule in Gleiwitz. Nach meinem Studium bin ich durch die Arbeitsverteilung dort hingekommen und geblieben.

Jutta: In der ganzen Zeit hat niemals jemand etwas Schlechtes über meinen Mann gesagt. Das ist die größte Auszeichnung! Sonst wird ja immer über Professoren geredet: Dieser war doch schlimm und jener konnte nichts.

Fryderyk: Ich war anderen Anfeindungen ausgesetzt, weil ich mich fachlich vor allem mit globalen Dingen beschäftigt habe, mit internationalen Wirtschaftsbeziehungen und Außenhandel zum Beispiel. Ich habe Vorlesungen über die Europäische Wirtschaftsgemeinschaft gehalten und Wirtschaftsdeutsch unterrichtet. Die europäische Integration hat mich sehr interessiert. Manchen galt ich als germanophil. Mein Rektor war nicht gut auf mich zu sprechen, weil ich oft für Vorlesungen in die DDR gefahren bin. Ich kam viel in den Oststaaten rum, später war ich auch in Wien und Köln. Es wurde aber ein großer Unterschied zwischen dienstlichen und privaten Reisen gemacht. Als Familie konnten wir nie in den Westen fahren. Dabei waren zwei Schwestern meiner Frau dort und meine Eltern lebten in Hamm.

Jutta: Einmal hieß es, die Hälfte der Familie dürfe fahren.

Fryderyk: Aber ich konnte meine drei Kinder ja nicht in Hälften teilen, oder? Meine Kollegen durften mit der ganzen Familie ins Ausland. Mir war es auch lange untersagt zu promovieren. Es wurde gemunkelt: Wenn der Kabsa einen Doktortitel hat, reist er bestimmt in den Westen aus. Doch den Gefallen habe ich ihnen nicht getan, nachdem ich 1971 endlich meinen Doktor in Łódź machen konnte. Ich liebe meine Heimat bis heute.

Jutta: Es heißt, dass die Menschen in Oberschlesien sehr fleißig und arbeitsam sind. Die Mentalität ist besonders, wenn man hier geboren und aufgewachsen ist. Das ist noch die alte deutsche Seele. Mit dem heutigen Deutschland hat das aber nicht viel zu tun. Wir werden immer mal wieder gefragt, ob wir uns als Deutsche oder als Polen fühlen. Die Antwort ist: weder noch. Wir sind Schlesier.

Von den fünf Personen, die wir waren, sind nur wir beide geblieben. Nun wohnen wir seit 26 Jahren in diesem Haus. Wir haben so viel Platz hier, wir könnten Fangen spielen.

Jutta: Früher haben wir am Sonntag nie zu Mittag gegessen. Aber wir haben immer lange gefrühstückt. Die Kinder mussten alles erzählen, was in der Woche passiert war, weil mein Mann sonst nie Zeit hatte. Früh ging er weg, da haben die Kinder noch geschlafen. Wenn er abends zurückkam, haben sie schon wieder geschlafen. Sonntagmorgens wurde so eine richtige Gewissenserforschung betrieben. Bevor die Kinder frei hatten, gab es meist noch einen Spaziergang, Kaffee und Kuchen. Wir sind überall zu Fuß hingelaufen, weil wir kein Auto hatten.

Fryderyk: Wir haben in einer Zweizimmerwohnung gelebt.

Jutta: Also eigentlich war es eine Vierzimmerwohnung. Aber es kamen damals Bergarbeiter aus ganz Polen zu uns ins Industriegebiet, und die brauchten Unterkünfte. Wir mussten in unserer Wohnung eine Familie aufnehmen. Sie hatte zwei Zimmer und wir hatten auch zwei.

Fryderyk: Wobei auch noch meine Schwiegereltern bei uns gewohnt haben. 14 Jahre lang haben wir uns mit ihnen die zwei Zimmer geteilt. Wenn ich etwas arbeiten wollte, musste ich die Kinder ins Bett schicken. Und wenn meine Frau und ich uns lieb haben wollten, sowieso.

Jutta: Also lieb haben wir uns immer.

Fryderyk: Wir haben so viele Jahre eng zusammen verbracht, und es gab kein böses Wort zwischen mir und meinen Schwiegereltern.

Jutta: Sie waren auch besondere Eltern .

Fryderyk: Ja, das stimmt. Heute ist unsere Familie über Europa verstreut. Unsere Söhne sind in Warschau und Münster, Evchen ist in Berlin. Eine Enkelin lebt in Warschau, die andere in Göteborg mit unserer Urenkelin.

Jutta: Zum Glück gibt es Telefon. Wenn ich früher meine Schwestern im Westen anrufen wollte, musste ich viele Stunden auf der Post sitzen und warten, ob überhaupt eine Verbindung zustande kommt. Jetzt haben wir Handys und Skype. Wir sind immer in Verbindung und wissen genau, was bei den anderen los ist. Die Entfernung ist kein Problem mehr.

Fryderyk: Von den fünf Personen, die wir waren, sind nur wir beide geblieben. Nun wohnen wir seit 26 Jahren in diesem Haus. Wir haben so viel Platz hier, wir könnten Fangen spielen. **“**

Wir werden immer mal wieder gefragt, ob wir uns als Deutsche oder als Polen fühlen. Die Antwort ist: weder noch. Wir sind Schlesier.

Bei Fryderyk Kabsa im Herrenzimmer

Kazimierza II, 2013, Tusche und Acryl auf Papier, 27,5 x 21cm

SPANIEN

Geboren 1991 in Badajoz, Spanien
Biologiestudent

ALEJANDRO SANCHEZ DIAZ

In Spanien lernen, vom Ausland träumen

Er ist in der Kleinstadt Badajoz geboren, aufgewachsen und studiert dort Biologie. Hätte er Zeit, würde er in einer Band Gitarre spielen. Hätte er Geld, würde er die Welt bereisen.

Spanien, Badajoz am 15.03.2013

Zum Glück ist Alejandro Sanchez Diaz heute anders als sonst – er ist spontan. Sofort erklärt er sich bereit, mit uns zu reden, während er auf einer Holzbank vorm Biologie-Institut sitzt und auf seine praktische Übung um 16 Uhr wartet. Ein weißer Kittel liegt akkurat gefaltet neben ihm. Eigentlich sei er ein rationaler Typ und denke über alles ein paar Mal nach, bevor er eine Entscheidung fälle, sagt er. Seine Stimme zittert leicht. Vielleicht, weil er aufgeregt ist, nachdem wir ihn so überfallen haben. Vielleicht, weil es ihn trotz des dicken schwarzen Kapuzenpullis fröstelt. Die Sonne scheint zwar kräftig an diesem Märztag, doch im Schatten ist es noch kühl. Nur wenige Studenten sind in der Mittagspause auf dem weitläufigen Gelände der Universität der Extremadura geblieben, obwohl es mit den vielen Bäumen, Wiesen und Bänken weit schöner ist, als man es in der spanischen Grenzstadt im Südwesten erwartet hätte. Badajoz ist zwar die größte Stadt der Provinz Extremadura, gehört aber sicher nicht zu den Orten in Spanien, um die sich Erasmusstudenten reißen. Kein Wunder, meint Alejandro.

❞ Badajoz ist nicht besonders gut für Leute in meinem Alter. Wir können nicht viel machen hier. Es gibt nur wenige Bars, in die ich gern gehe. Warum ich zum Studium geblieben bin? Als ich mich für Biologie entschieden habe, meinten meine Eltern: Das kann man hier studieren! Woanders hinzugehen ist nur teuer. Es wäre seltsam nach Barcelona zu ziehen und dort Miete zu zahlen, wenn ich hier mit meinen Eltern und meinem jüngeren Bruder zusammenwohnen kann. Das machen fast alle so in Spanien. Nur, wer von außerhalb zum Studium kommt, lebt in einer WG.

Roz, 2013, Tusche, Acryl und Kugelschreiber auf Papier, 29,7 x 21 cm

Meine Mutter ist arbeitslos geworden durch die Krise. Sie hatte einen Candy-Store, doch das Geschäft lief immer schlechter, sie konnte sich die Miete nicht mehr leisten und musste schließen. Zum Glück ist mein Vater Lehrer und wir haben Geld gespart für so einen Fall. Viele Familien erleben gerade sehr schwierige Zeiten. Ich habe Freunde, deren Eltern beide arbeitslos sind. Die wissen nicht, woher sie Geld für Miete, Essen, Versicherungen nehmen sollen – ganz zu schweigen von den Studiengebühren. Meine Eltern unterstützen mich, allein würde ich das kaum hinkriegen. Wann sollte ich einen Nebenjob machen? Vormittags habe ich Unterricht, danach bis in den Abend hinein Praktika. Wenn ich mal mehr Zeit habe, würde ich wieder in einer Band Gitarre spielen.

Gehirn, Zellen, Tiere – ich habe mich schon immer für alles interessiert, was mit Biologie zu tun hat. Der Uni-Start war allerdings furchtbar. So viel Mathe, Chemie und Physik! Voll hart. Wenn man durch eine Prüfung fällt und sie wiederholen muss, wird es teuer. Im ersten Studienjahr musste ich 800 Euro zahlen, jetzt im zweiten sind es 1500, weil ich zwei Fächer wiederholen muss. In Neurologie wäre mir das nicht passiert. Was läuft alles gleichzeitig im Gehirn ab? Woher kommen die Erinnerungen? Das finde ich irre spannend. Später möchte ich als Neurowissenschaftler arbeiten.

Ich wünschte, ich könnte in die USA reisen und dort studieren. Oder wenigstens irgendwohin nach Europa gehen. Unsere Regierung hat alle Auslandsstipendien gestrichen wegen der Krise. Es gibt noch Stipendien, um an einem anderen Ort in Spanien zu studieren, aber das ist nicht dasselbe. Ich möchte Kulturen kennenlernen und Menschen treffen. Erfahren, wie sie in fremden Ländern arbeiten, was sie in ihrer Freizeit machen. Halt alles, was zum Leben dazugehört. Manchmal macht mich das wütend, dass das immer am Geld scheitert. Ich hätte so große Lust, was Neues zu entdecken, jetzt! Aber im Moment kann ich nirgendwo hin. Nach dem Studium will ich einmal um die Welt reisen. “

Bala, 2013, Tusche, Acryl und Kugelschreiber auf Papier, 29,7 x 21 cm

Geboren 1990 in Puteri, Lettland
Übersetzerin und Leuchtturmwärterin

MARTA RATKEVIČA

Landschaft der Liven

Sie liebt den Wald und einen Vogelforscher. Niemals würde die Lettin ihre Heimat verlassen. Letten, sagt sie, rennen nicht ständig durch die Gegend.

Lettland, Slītere Nationalpark am 19.06.2012

Marta Ratkeviča ist eine Überraschung. Erstens ist sie jung. Und junge Menschen sieht man kaum, wenn man an der Ostseeküste von Ventspils aus hoch zum Nationalpark Slītere fährt. Was man sieht, sind kleine alte Frauen, kleine alte Männer und verlassene Holzhäuser, in denen geblümte Tapeten von den Wänden welken. Zweitens sind Marta Ratkevičas Haare rostrot wie die Wände des Leuchtturms, in dem sie arbeitet. Ein Farbtupfer in einer Landschaft, die durch Wälder, Dünen und Meer vor allem grün-weiß-blau ist. Grün-weiß-blau wie die Flagge der Liven, der Ureinwohner Lettlands, von denen heute nur noch wenige Nachkommen in den Fischerdörfern im Nationalpark leben. Es ist nicht viel los an diesem Tag im Juni. Während sich draußen Bäume und Kornfelder im Sommerwind wiegen, sitzt Marta Ratkeviča drinnen im Leuchtturm hinter einem Holzfenster am Laptop. Von ihrem Desktop aus blickt ihr ein knapp bekleideter David Beckham entgegen. Sie versucht gar nicht erst ihn wegzuklicken, als wir reinkommen, sondern lacht ein ansteckendes Grübchenlachen.

14 Uhr, im Leuchtturm, Slītere Nationalpark

Slītere I, 2012, Tusche und Buntstift auf Papier, 21 x 29 cm

❞ Meine Freunde nennen mich treehugger, obwohl ich gar keine Bäume umarme. Ich bin keine Greenpeace-Aktivistin oder so. Aber es stimmt schon: Ich liebe den Wald und bin mittendrin aufgewachsen. Da waren nur wir. Meine Eltern, meine beiden älteren Brüder und ich. Der nächste Nachbar wohnte sechs Kilometer weit weg. Wenn ich das erzähle, stellen sich die meisten Leute eine Holzhütte ohne Wasser und Strom vor. Doch unser Haus ist weiß und groß, mit allem, was man braucht, auch Internet. Meine Mutter arbeitet im Slītere Nationalpark, mein ältester Bruder ist Landschaftsarchitekt und mein anderer Bruder und mein Vater sind Forstwissenschaftler.

Ich habe letzte Woche meinen Bachelor gemacht und bin nun offiziell Übersetzerin und Dolmetscherin. Dass ich fließend Englisch spreche, ist auch für meinen Nebenjob im Nationalpark praktisch. Seit vier Jahren arbeite ich während der Saison hier im Leuchtturm. Er wurde 1849 gebaut und ist inzwischen stillgelegt. Von oben hat man einen tollen Blick über Wald und Wiesen. Ich drücke den Leuten das Fernglas in die Hand, lasse sie auf den Turm oder führe sie herum und erzähle ihnen etwas über den Park.

Es kommen vor allem Letten und auch viele Deutsche. Einmal war jemand aus Australien da, aber die meisten Besucher sind Europäer. Ich mag es, mit ihnen zu sprechen, schließlich sehe ich ja sonst nicht so viele Menschen. Ich erkenne sofort, ob sie Letten sind oder nicht. An ihren Gesichtern und an ihrem Verhalten. Lettische Russen sind zum Beispiel extrovertierter als Letten. Eine Gruppe russischer Kinder ruhig zu kriegen, ist echt schwierig. Das ist wie eine Explosion, wenn die hier auftauchen. Wir Letten sind ruhiger und introvertierter, würde ich sagen, wir rennen nicht ständig durch die Gegend. Noch langsamer sind allerdings die Esten. Zumindest behaupten wir gern, dass sie eine extrem lange Leitung haben und Witze nicht kapieren. Wenn ich mir unsere ökonomischen Probleme anschaue, befürchte ich allerdings, dass die Esten es mit ihrer Langsamkeit weiterbringen als wir.

Zum Glück gibt es Regeln von der EU, die es etwas schwieriger machen, wild drauflos zu fällen.

Unser wichtigstes Exportgut ist das grüne Gold. Deswegen schlagen sie in unseren Wäldern wie die Verrückten Holz – ohne an die Konsequenzen zu denken. Dieser Nationalpark ist eines der wenigen Gebiete, in denen es keine Kahlschläge gibt. Das macht mir große Sorgen. Ich glaube einfach nicht, dass das der einzige Weg ist, um aus der wirtschaftlichen Krise rauszukommen. Zum Glück gibt es Regeln von der EU, die es etwas schwieriger machen, wild drauflos zu fällen. Mithilfe von EU-Geldern können wir dieses Jahr auch endlich den Naturpfad hinter dem Leuchtturm reparieren. Ich kann also eigentlich nicht viel Schlechtes an der EU finden. Mich stört nur, dass es immer so sehr ums Wirtschaftliche geht. Die Idee einer gemeinsamen Währung nur aus ökonomischen Gründen gefällt mir überhaupt nicht. Für mich ist das lettische Geld ein Teil unserer Identität. Der Storch, der Fisch oder der Baum auf der 1-Lats-Münze zum Beispiel – die gehören einfach zu uns.

Es muss immer von allem noch mehr sein! Ich habe das Gefühl, dass die Leute sich Dinge anschaffen, nur um zu zeigen, dass sie es können.

Mein Freund ist Ornithologe und arbeitet auch hier im Nationalpark. Wegen ihm kam ich darauf, in meiner Bachelorarbeit lettische und englische Vogelnamen zu vergleichen. Die beziehen sich nämlich oft auf ganz unterschiedliche Eigenschaften der Vögel. Wenn man sie direkt übersetzt, spricht man auf einmal von einer ganz anderen Art, was zu Missverständnissen führen kann. Außerdem habe ich die Etymologie der Vogelnamen untersucht. Da gibt es in Lettland bisher kaum Forschung zu. Deswegen würde ich gern dranbleiben an dem Thema und vielleicht in Richtung Linguistik gehen. Einen Master in Übersetzen und Dolmetschen kann ich mir nicht vorstellen. Das Programm, das sie dafür in Ventspils anbieten, finde ich langweilig. Dass ich mich damals für den Bachelor dort entschieden habe, hing auch damit zusammen, dass ich von Ventspils aus jedes Wochenende nach Hause fahren konnte. Ich mag einfach keine Städte. In Riga könnte ich nie leben. Zu viele Leute und viel zu viele Autos. Als ich noch keinen Führerschein hatte, hat es mich manchmal genervt, dass ich so weit draußen gewohnt habe. Jetzt möchte ich auf keinen Fall mehr weg. Klar wäre es spannend, mal ein Jahr ins Ausland zu gehen. Aber meine Familie zurücklassen? Das würde ganz schön viel Mut kosten.

Viele in meinem Alter gehen dauerhaft aus Lettland weg. Ich finde das traurig und verstehe es auch nicht so richtig. Wenn man ein bisschen sucht, findet man hier locker einen Job. Aber die Leute denken, woanders könne man mehr Geld verdienen. Nur, wenn man zum Beispiel in Norwegen wohnt, muss man doch auch viel mehr ausgeben, da ist doch alles viel teurer. Was gewinnt man dadurch? Eigentlich habe ich ja die Hoffnung, dass für meine Generation materielle Sachen nicht mehr so wichtig sind wie für die Älteren. Man merkt schon sehr, dass sie in einem anderen System aufgewachsen sind. Es nervt mich, dass sie oft fast melancholisch zurückgucken. Ich weiß nicht, woran das liegt. Vielleicht, weil sie damals nicht so viele Möglichkeiten hatten und es genießen konnten, wenn sie mal etwas Neues bekamen. Jetzt können sie alles haben, was sie wollen, und wissen es nicht mehr zu schätzen. Es muss immer von allem noch mehr sein! Ich habe das Gefühl, dass die Leute sich Dinge anschaffen, nur um zu zeigen, dass sie es können. Mir ist Besitz nicht so wichtig. Ich würde später allerdings schon gern in einem Haus mit ein bisschen Land drumrum wohnen. Jetzt ziehe ich aber erst mal mit meinem Freund ins Verwaltungsgebäude des Nationalparks. Komische Vorstellung, da in einer Wohnung zu wohnen. Ich bin das gar nicht gewöhnt, dass Leute über meinem Kopf herumtrampeln und ich nicht rumspringen kann, wie ich will. **“**

Nächste Seite:

15 Uhr, im Leuchtturm, Slītere Nationalpark

Slītere II, 2012, Tusche und Buntstift auf Papier, 42 x 29 cm

Helmut

UNGARN

Geboren 1976 in Budapest, Ungarn
Straßenpunk

LASZLO JOZSEF BALKOL

Am Boden in Budapest

Der Punker hat nur ein Ziel: Er will genug Geld schnorren, um nach Wien abhauen zu können. Mit Ungarn sei er fertig. Deswegen hat er sich das Wort „Freiheit" auf den Rücken tätowieren lassen – auf Deutsch.

Ungarn, Budapest, am 02.08.2012

In der Andrassy Straße im Zentrum von Budapest läuft ein Pärchen an Läden von Louis Vuitton, Dolce & Gabbana und Burberry vorbei und schnorrt. Manchmal bleiben die beiden stehen und knutschen. Er sieht verlebt aus, sie ist auf kindliche Weise dünn. Als sie uns um Geld bitten, fragen wir sie, ob sie sich am nächsten Tag mit uns treffen – wir würden ihnen auch etwas zu essen kaufen. „Ja, klar, 14 Uhr, hier vorm Supermarkt", sagt Laszlo Jozsef Balkol. Wir glauben nicht, dass sie kommen, doch tags darauf sind sie um Punkt 14 Uhr da. Er hat seinen Irokesenschnitt gestylt und wünscht sich, dass wir irgendwas im Supermarkt einkaufen. Egal was, er möchte sich überraschen lassen. In der Mittagshitze machen wir ein Betonpicknick vorm Supermarkt. Der Mann redet viel und etwas wirr, während das Mädchen neben ihm stumm klebrigen Kuchen in sich reinstopft und raucht. Wir wissen nicht, welche Geschichten wahr sind und was Laszlo Jozsef Balkol uns erzählt, um einen guten Eindruck zu hinterlassen. Denn darum ist er sehr bemüht, so höflich, wie er jedes Mal fragt, bevor er sich noch ein Stück ungarische Salami nimmt.

Eigentlich ist Wien ja gar nicht weit weg, aber wenn man keine Kohle hat, ist es wahnsinnig weit.

❞ Leben ist schwierig. Aber es bleibt einem ja nichts anderes übrig, als zu leben. Ich bin den ganzen Tag auf der Straße und schnorre. Doch die Ungarn geben kaum Geld. Entweder sie haben selbst nix oder sie denken nur an ihr Konto. Dieses verrückte Land! Wenn du nach einer Kippe fragst, sagen sie immer: Ich rauche nicht. Dass du eben selbst gesehen hast, wie sie eine Packung gekauft haben – scheißegal. Manchmal wünsche ich mir, dass sie alles verlieren und auf der Straße landen. Ohne Geld, ohne Zigaretten, ohne Handy, ohne Hilfe. Mir hilft niemand, nicht die Leute, nicht der Staat, niemand.

Diese Bettelei ist irre anstrengend. In den letzten fünf Monaten habe ich zehn Kilo abgenommen. Mein Magen ist kaputt. Ich penne bei Bekannten auf dem Boden, alle paar Tage bei jemand anderem, auf der Straße ist es nachts zu gefährlich. Mein ganzes Leben ist so chaotisch, ich kann mich nie ausruhen. Und in ein Obdachlosenheim kann ich auch nicht. Denn da darf ich nicht zusammen mit meiner Freundin hin. Ich hab Erika vor ein paar Monaten beim Schnorren kennengelernt. Sie ist erst 15. Ich hab zu ihr gesagt: Hey, wie meine Tochter in Österreich. Ich bin schon eine alte Sau! Aber ihr war das egal. Passt, hat sie gemeint. Jetzt wollen wir zusammen nach Wien. Da ist alles besser. Ich hab da mal als Maler gearbeitet, schwarz. Das war gutes Geld.

Wozu soll ich mich in Budapest abrackern, wenn ich nur 300 Euro im Monat verdiene? Das ist doch ein Witz! Wie soll man davon ein Zimmer, Essen und alles andere bezahlen? Am Samstag will man vielleicht auch mal Party machen. Das ist eine Katastrophe. In Wien verdient man mindestens 1250 Euro im Monat. Wenn ich es dahin schaffe, will ich nie wieder zurück nach Ungarn, nicht mal als Tourist. Dieses Land geht den Bach runter. Ich möchte eine hübsche Österreicherin heiraten und die doppelte Staatsbürgerschaft kriegen.

Ich habe vielleicht eine Chance bei der Mutter meiner Tochter. Mal sehen, ob das klappt und was ich dann mit Erika mache. Ich will, dass sie ein besseres Leben hat. Sie ist von ihren Eltern geschlagen worden und weggelaufen. Mein Vater hat mich auch verprügelt. Mit 16 bin ich dann ausgezogen und hab die Schule abgebrochen, damit ich arbeiten und meine Wohnung bezahlen konnte. Eine Ausbildung hab ich nicht. Jetzt steh ich so ziemlich ohne alles da. Mit meinem Vater hab ich seit Ewigkeiten keinen Kontakt mehr, ich will ihm keine Probleme machen, schwieriger Typ. Meine Mutter ist tot und Geschwister hab ich keine.

Wir müssen verdammte 38 Euro für zwei Bustickets nach Wien zusammenkriegen. Wenn man gerade mal vier bis fünf Euro am Tag schnorrt, ist es schwer, was zu sparen. Ich hab schon zweimal versucht, mit dem Zug schwarz zu fahren, wurde aber erwischt und bin rausgeflogen. Dann wollte ich trampen, hab fünf, sechs Stunden gewartet. Keine Chance.

Eigentlich ist Wien ja gar nicht weit weg, aber wenn man keine Kohle hat, ist es wahnsinnig weit. Was soll ich machen in diesem Land ohne Geld? Nichts! Stehlen will ich nicht. Es geht nur betteln, hier bleiben und warten. Das ist die einzige Möglichkeit für mich. Ich will keine Scheiße bauen. Ich kenne jemanden, der wegen zwei geklauten Brötchen zwei Tage im Gefängnis saß.

Die Polizei hier ist echt brutal. Einmal haben sie mich beim Schnorren erwischt und gesagt: Das ist hier verboten. Und ich so: Alter, was soll ich machen? Ich will was zu essen kaufen! Einer der Polizisten ist ausgerastet, weil ich ihn „Alter" genannt hab – und hat mir mit dem Schlagstock die Nase gebrochen. Hier, deswegen steht auf meinen Fingern an der rechten Hand auch: A, C, A, B. Das heißt: All cops are bastards. Ich hab mir das Tattoo selbst gestochen. Tat nicht weh, ich brauchte nicht mal Wodka oder so. Kein Problem. Die Initialen auf der anderen Hand heißen übersetzt: Zigeunerische Kaputtmaschine, das ist eine Punkband aus Ungarn. Ich find auch Rammstein und die Ohrbooten geil. Ich bin halt ein Punker!

Auf meinem Rücken steht „Freiheit 76". Es ist kein Zufall, dass das auf Deutsch ist. Ich weiß, dass ich es irgendwann schaffe nach Österreich zu gehen. Dann will ich zwei Tage chillen, duschen, schlafen, danach Vollgas geben und arbeiten. Das ist mein Traum. Von meinem Land bin ich so enttäuscht. Scheiße, ich hasse es! Es ist schlimm, wenn man das der eigenen Heimat gegenüber empfindet. Sie gehört ja zu einem. Früher war ich stolz darauf, Ungar zu sein. Jetzt bin ich fertig damit. ❝

Mein Magen ist kaputt. Ich penne bei Bekannten auf dem Boden, alle paar Tage bei jemand anderem, auf der Straße ist es nachts zu gefährlich. Mein ganzes Leben ist so chaotisch, ich kann mich nie ausruhen.

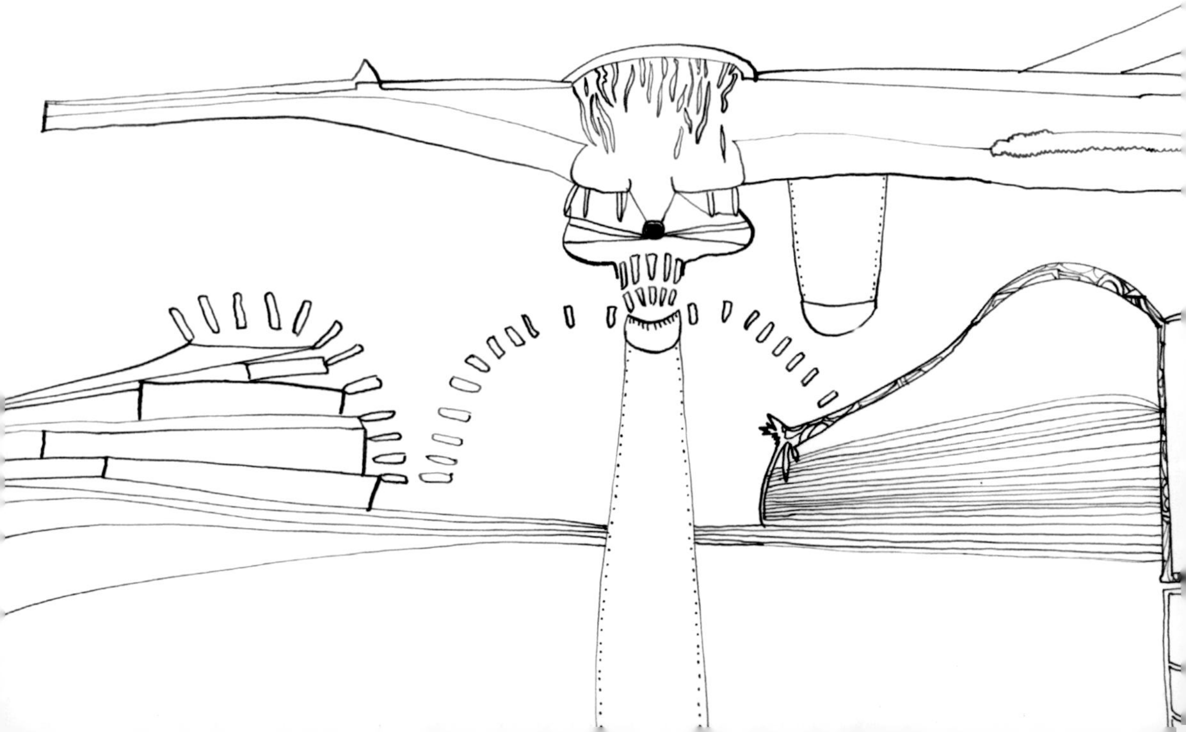

Eine Stunde vorm Supermarkt

Andrassy, 2012, Tusche auf Papier, 21 x 59,4 cm

PORTUGAL

Geboren 1950 in Lissabon, Portugal
Rheumatologe

ANTÓNIO VILAR

Ein Portugiese liebt und leidet

Die Rheumatologie ist für ihn viel mehr als eine Fachrichtung. Der Arzt hat ihr sein Leben gewidmet, er kennt kaum ein anderes Thema. Wäre da nicht seine Frau Teresa – und diese verdammte Wirtschaftskrise.

11 Uhr, im Behandlungszimmer, Clínica de Diagnóstico e Checkup Roma

Ade Roma II, 2013, Tusche und Farbstift auf Papier, 21 x 29,7 cm

Portugal, Lissabon am 11.03.2013

Noch bevor das Flugzeug von Hamburg nach Lissabon abhebt, sind wir mitten im Gespräch. Ob vom Rheumatologen-Kongress in Hamburg, seiner späten großen Liebe Teresa oder den großartigen Golf-Plätzen auf Madeira – António Vilar erzählt lebhaft über Lärm und Verständigungsschwierigkeiten hinweg. Und er ist auch gern bereit, das zwei Tage später in seiner Privatpraxis fortzuführen. An einem Montagvormittag empfängt er uns in seinem Sprechzimmer im zweiten Stock, während draußen der Morgenregen verdampft und langsam die Sonne durch die arztweißen Lamellenvorhänge dringt. Typisches Lissabonner Märzwetter, meint Vilar, und bittet uns, auf den zwei Stühlen für die Patienten Platz zu nehmen. Das Zimmer ist einfach eingerichtet, die Behandlungsliege schmal, der Drucker scheint das modernste Gerät zu sein. Vilar sitzt, ganz Arzt, auf der anderen Seite des Schreibtisches: Hier wirkt er mit seiner Glatze, den glattrasierten Wangen und dem beige karierten Sakko viel normaler als auf den Glamourfotos im Internet, die ihn mit seiner Frau auf Empfängen der Stadtprominenz zeigen. Während wir reden, kommt die ganze Zeit klassische Musik aus dem kleinen Radio neben den Patientenakten.

Es ist eine Bürde, für viele Leute verantwortlich zu sein.

” Ich bin pensioniert, arbeite aber trotzdem. Nicht, weil ich von meiner Pension nicht leben könnte. Nach 36 Jahren Arbeit im öffentlichen Gesundheitswesen und lauter Nebentätigkeiten bekomme ich 2300 Euro im Monat. Das ist viel für derzeitige Verhältnisse! Ich finde es aber nicht sonderlich viel – bei den hohen Ämtern, die ich hatte. Zumal der Staat das 13. und 14. Monatsgehalt längst gestrichen hat. Die Arbeit tut meinem Kopf gut. Ich würde bestimmt schneller alt, wenn ich jetzt aufhören würde. Außerdem kann man auch mit 62 Jahren noch wertvolle Beiträge leisten.

Wenn man jung ist, hat man viel Energie, um die Dinge anzupacken, aber man weiß noch nicht viel. Wenn man alt ist, hat man viel Wissen, aber die Energie lässt nach. Es ist wichtig zu schauen, in welcher Lebensphase sich Energie und Wissen besonders gut treffen. Ich glaube, das ist in den 50ern der Fall.

Ich liebe meinen Beruf. Die Rheumatologie wurde in Portugal erst recht spät als eigener Fachbereich anerkannt, aber immer noch früher als in Deutschland. 1948 ist das portugiesische Institut für Rheumatologie gegründet worden. Heute ist es die älteste Einrichtung der Welt, die sich ausschließlich rheumatischen Krankheiten widmet. Nach meiner Doktorarbeit begann ich dort zu arbeiten.

Später wurde ich ärztlicher Direktor und dann für fast zehn Jahre Präsident. Während meiner Präsidentschaft wurde das Gebäude saniert und wir mussten mit Finanzierungsproblemen klarkommen. Ich habe viele meiner Freunde eingespannt, um das Institut zukunftsfähig zu machen. Als ich das Amt abgegeben habe, war das auch eine Erleichterung. Es ist eine Bürde, für viele Leute verantwortlich zu sein. Später habe ich den Patientenverband Andar gegründet, inzwischen gibt es sogar einen Tag der Rheumatologie bei uns, am 5. April. Früher kannten die meisten Menschen die Krankheit gar nicht, jetzt kann jeder Zweite in Portugal etwas damit anfangen.

Ich bin zufrieden, weil ich meine, dadurch etwas hinterlassen zu können. Die ehrenamtliche Arbeit, dieses Gefühl, etwas für andere zu tun, das ist ein sehr starker Antrieb für mich. Vorher habe ich viel für mich selbst gearbeitet.

Wenn wir jung sind, denken wir immer, das nächste Ziel sei jetzt wahnsinnig wichtig und entscheidend. Der Abschluss in Medizin, die Promotion, die weitere Spezialisierung – ich wollte überall besonders gut sein. Und es kam immer das nächste. Ich habe mein Privatleben vernachlässigt, meine erste Ehe ist daran gescheitert. Wenn ich mich noch mal entscheiden könnte, würde ich es anders machen. Dann würde es eben länger dauern, bis ich meine Ziele erreicht hätte.

Wenn ich die jungen Leute heute sehe, mache ich mir große Sorgen. Mehr als ein Drittel ist arbeitslos. Das ist ausgerechnet die Generation, der immer gesagt wurde: Bildung, Bildung, Bildung, dann wird alles gut! Die Jungen sind frustriert, weil sie trotz Universitätsabschluss keinen Job bekommen. Sie haben das Gefühl, wir Alten haben falsche Entscheidungen getroffen und schlecht investiert und nun trifft es sie. Und die Alten sind frustriert, weil ihre Renten gekürzt werden. Die Krise bringt die Generationen gegeneinander auf. Das kann eine Gesellschaft spalten.

Die Krise hat ja auch schon die EU geteilt. Besonders die Deutschen sind schnell darin zu sagen: Die Griechen arbeiten nicht. Doch selbst wenn das stimmt, liegt es wohl auch daran, dass Deutschland Geld geschickt hat, damit sie nicht arbeiten. Ich meine damit diese verfehlte Politik der Agrarsubventionen!

Uns in Portugal wurde gesagt, in Europa gebe es zu viel Milch, also haben wir aufgehört, sie zu produzieren und importieren sie. Uns wurde gesagt, wir sollten Schiffe abbauen, dabei liegt unser Land zu zwei Dritteln am Meer. Wir haben die Landwirtschaft zurückgefahren, obwohl wir früher Selbstversorger waren. Und wir haben die Textilwirtschaft gestoppt, weil uns gesagt wurde, die Chinesen seien billiger. Die reichen Länder haben den Chinesen dann ihre Maschinen verkauft. Und nun sind sie es, die uns für diese Krise verantwortlich machen. Es war nie die portugiesische Politik, die über die Zukunft entschieden hat, sondern die EU, die uns diktiert hat, was wir tun sollten, und uns mit Geldern überschwemmt hat.

Die Krise bringt die Generationen gegeneinander auf.
Das kann eine Gesellschaft spalten.

12 Uhr, im Behandlungszimmer, Clínica de Diagnóstico e Checkup Roma

Ade Roma I, 2013, Tusche auf Papier, 29,7 x 21 cm

Ich würde mir wünschen, dass die Entscheider auf europäischer Ebene anerkennen, dass das auch ein Grund für die Schwierigkeiten hier ist. Es mangelt an Solidarität und an Verständnis, gerade von Ländern wie Deutschland. Das ist nicht der Geist, der in dieser Union stecken sollte – es macht mich pessimistisch.

Ich sehe, was um mich herum passiert, auch wenn es mir verhältnismäßig gut geht. Dass ich diese Privatpraxis haben kann, ist ein großes Glück. Höchstens zehn Prozent der portugiesischen Ärzte haben nur Privatpatienten. Ein Besuch in meiner Sprechstunde kostet im Schnitt 100 Euro. Die meisten meiner Patienten zahlen das privat – entweder, weil sie reich sind, oder, weil sie schlechte Erfahrungen bei anderen Ärzten gemacht haben und unbedingt meine Meinung wollen. Aber langsam kommt die Krise auch hier an. Früher mussten die Leute drei Wochen auf einen Termin bei mir warten, inzwischen kann ich ihnen schon in der Folgewoche einen geben.

Ich war in einem Extremzustand, Leidenschaft genannt. Dann ist alles verrückt und schön.

Solche gesellschaftlichen Veränderungen sind leichter zu bewältigen, wenn man nicht allein ist. Als ich meine Frau Teresa vor vier Jahren traf, kam es mir vor, als wäre auf einmal alles möglich. Ich war in einem Extremzustand, Leidenschaft genannt. Dann ist alles verrückt und schön. Man muss nichts mehr essen, nichts mehr trinken, möchte nur noch mit dem einen Menschen zusammen sein.

Ich versuche, mein privates Leben mit dieser bezaubernden Frau mehr zu genießen als früher. Neben allem anderen kocht Teresa auch noch fantastisch. Und sie spielt Golf! Als ich sie auf dem Flug nach Madeira zum ersten Mal gesehen habe, sah sie aus wie ein Star. Einmal waren wir für einen Monat getrennt. Irgendwann bin ich über die Mauer ihres Grundstücks geklettert, ich wollte sie zurückgewinnen. Um mich nicht am Stacheldraht zu verletzten, bin ich über die schmale Katzenleiter gekraxelt. Dann stand ich vor ihrer Tür und habe miaut. Teresa hat geöffnet, sie dachte, ich wäre eine ihrer acht Katzen. Wir haben uns wieder versöhnt, sind zusammengezogen, haben geheiratet. Manchmal nennt sie mich ihre Hauptkatze. “

S L

O W

E

Geboren 1983 in Korytne, Slowakei
Polizist

PATRIK BRINDZA

Genießer der kleinen Dinge

Der Slowake hat zwei Leben: eins bei der Polizei und eins in der Natur. Er ist glücklich, wenn er von Truckern neue Sprachen lernt, und wenn er mit seinem Hund im Wald unterwegs ist.

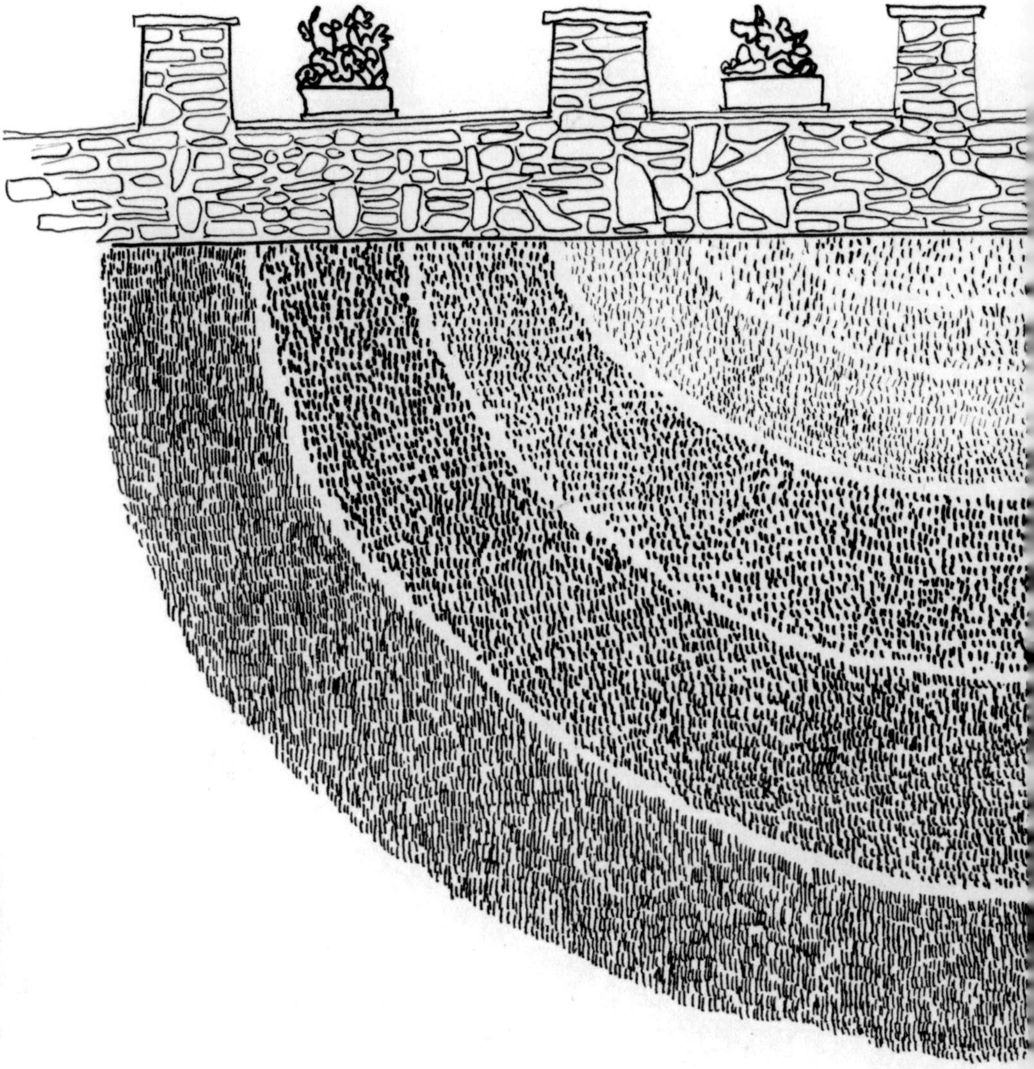

Erster Tag, im Garten des Elternhauses

Parkgras, 2012, Tusche auf Papier, 21 x 29,7 cm

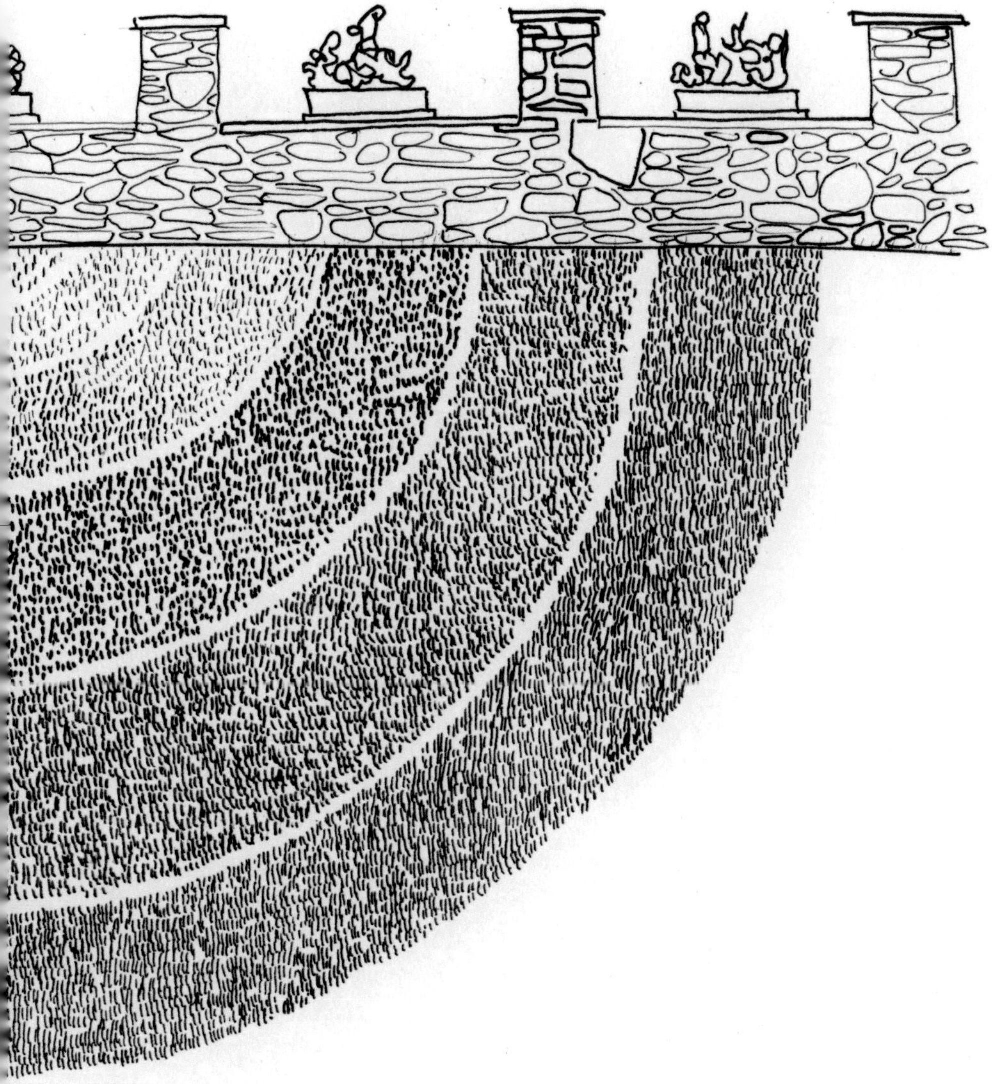

Slowakei, Korytne am 07.08.2012

Kurz vor der slowakisch-ungarischen Grenze sehen wir zum ersten Mal die rote Kelle: Anhalten. Rausfahren. Verkehrskontrolle. Ein junger Mann in der weißen Uniform der slowakischen Autobahnpolizei kommt ans Busfenster und bittet um Führerschein und Fahrzeugpapiere. Er lächelt charmant, zeigt auf unsere Frontscheibe und informiert uns in fließendem Deutsch, dass es bis zu 140 Euro kosten könne, wenn man ohne Vignette fährt. Wir kommen jedoch deutlich günstiger weg. Außerdem erklärt er sich sofort bereit, uns auf unserem Rückweg noch mal in Ruhe und außer Dienst zu treffen. Drei Wochen später dürfen wir unseren Bus (mit Vignette am Fenster!) im Garten der Brindzas unter dem Walnussbaum parken, den er als kleiner Junge mit seinem Großvater gepflanzt hat. Wenige Minuten später hat Patrik Brindza schon Bierbank und Tisch aufgebaut. Es dauert einige Zeit bis wir ihm Fragen stellen können, erst möchte er alles über uns und unsere Reise wissen.

❞ Als Polizist ist jeder Tag anders. Während einer Zwölf-Stunden-Schicht verbringe ich vielleicht eine Stunde im Büro. Den Rest der Zeit bin ich auf der Autobahn unterwegs. Wir fahren zur polnisch-slowakischen Grenze oder ins Tatra-Gebirge und überprüfen LKWs und Kleinbusse, ob sie nicht zu schwer beladen sind. Wenn sie ihr maximales Gewicht überschreiten, ist das gefährlich, weil die Bremsen nicht mehr so funktionieren, wie sie sollten. Außerdem kontrollieren wir, ob sie die Maut bezahlt haben.

Bei 99 Prozent der deutschen Fahrer ist alles korrekt. Leider! Dabei freue ich mich immer so über Gelegenheiten Deutsch zu sprechen. Ich hab das in der Schule gelernt. Auch Polnisch kann ich inzwischen ganz gut. Als ich vor fünf Jahren bei der Polizei anfing, habe ich die polnischen Trucker überhaupt nicht verstanden. Aber sie betteln sehr oft: Bitte lassen Sie mich gehen, ich habe das nicht gewusst, es war das erste Mal, es war das letzte Mal und so weiter. Da lernt man schnell. Ich komme im Job auf Ukrainisch, Russisch, Bulgarisch, Rumänisch, Englisch, Deutsch und Polnisch klar. Die einzige Sprache, in der ich mir gar nichts merken kann, ist Ungarisch. Die ist schrecklich schwer! Und die Fahrer aus Ungarn können in 90 Prozent der Fälle keine andere Sprache. Das macht es etwas kompliziert. Ich muss dann zu Zeichensprache, Stift und Papier übergehen. Ich schreibe „50 Euro" auf ein Blatt, nehme es in die eine Hand, den Führerschein des Fahrers in die andere, halte beide Hände hoch und sage: „No Euro, no Führerschein." Das funktioniert.

Ich freue mich, dass ich in meinem Beruf so viele Menschen treffe. Aber sie freuen sich nicht unbedingt, wenn sie mich sehen. Deswegen bin ich so nett wie möglich und komme immer mit einem Lächeln an ihr Fenster. So bin ich nicht automatisch ihr Feind, und sie werden nicht gleich nervös. Die meisten Fahrer sind freundlich, nur wenige machen Probleme. Dann mache ich auch Probleme. Theoretisch könnte ich sogar das Nummernschild abnehmen, so dass sie nicht weiterfahren können, das passiert aber fast nie. Eigentlich klappt es immer, dass die Leute zufrieden weiterfahren, selbst wenn ich ihnen eine Strafe geben muss. Ich erkläre halt den Grund und habe auch ein wenig Spielraum. Wenn sie hören, dass es viel teurer hätte sein können, sind sie dankbar, wenn die Sache glimpflich ausgegangen ist.

Eine Zeit lang habe ich darüber nachgedacht, ob ich bei der Feuerwehr nicht besser aufgehoben wäre. Ich fänd es schöner, wenn ich in meinem Job nur helfen würde und keine Strafen aufbrummen müsste. Aber als Polizist mit Hochschulstudium verdiene ich noch verhältnismäßig viel für die Ostslowakei. Es würde keinen Sinn machen, bei der Feuerwehr in der Hierarchie wieder ganz unten anzufangen.

Das schönste Wort, das ich kenne, ist das deutsche Wort „genießen". Man kann das leicht sagen und es hat so eine weiche Endung, „genießen". Außerdem ist es vielseitig einsetzbar. Essen, Trinken, das Leben – all das kann man genießen. Ein gutes Wort ist das. Ich bin ein Genießer der kleinen Dinge. Gestern lag ich hier auf der Bank und habe durch die Krone vom Walnussbaum hoch in den Himmel geguckt und mich über die rauschenden Blätter gefreut.

Ich genieße es auch, meinen Rasen zu mähen. Momentan zweimal in der Woche. Für manche klingt das komisch, ich weiß! Aber ich mag dieses Parkgras vor dem Haus meiner Eltern einfach total gern. Ich habe es selbst gesät, es ist hübsch und hält was aus. Wenn ich da Rasen mähe, ist das wie ein Hobby. Bei der Wiese rund um unser Grundstück ist das was anderes. Zwischen Apfelbäumen und Scheune ist das Mähen Arbeit.

Ich helfe viel zu Hause mit. Es ist immer was zu tun: Holz hacken, Holz stapeln, eine Mauer ausbessern. Zum Glück bin ich bei der Polizei im Schichtdienst und habe 15 Tage im Monat frei. Mein Alltag ist dadurch sehr unterschiedlich. Wenn ich zu Hause bin, arbeite ich eher körperlich. Da muss ich nicht denken und sehe am Abend, was ich gemacht habe, das gefällt mir. Allerdings bin ich dann auch kaputt. Wenn ich mich entscheiden sollte, ob ich mein ganzes Leben mit dem Kopf oder mit dem Körper arbeiten müsste, würde ich mich für den Kopf entscheiden. Da hält man die Arbeit länger durch und macht sich nicht so fertig. Alte Leute, die ihr Leben lang mit dem Kopf gearbeitet haben, sehen besser aus als solche, die jeden Tag körperlich gearbeitet haben. Andererseits ist mein Kopf unheimlich voll, wenn ich eine hektische Woche bei der Polizei hatte. Dann brauche ich Natur um mich herum und gehe mit meinem Schäferhund Stella in den Wald. Das ist, als würde ich den Reset-Knopf drücken.

Inzwischen sind alle Freunde in meinem Alter weggezogen und haben schon ein oder zwei Kinder. Mich zieht es hier nicht weg.

Ich bin eben mein Dorf gewöhnt. Hier bin ich geboren und aufgewachsen. Wir haben noch nicht mal eine Kneipe. Dafür kenne ich alle Bewohner mit Vor- und Nachnamen. Als Kinder haben wir in den Schulferien ständig Fußball gespielt. Danach sind wir losgezogen, haben trockenes Holz gesammelt, sind nach Hause gerannt, haben uns mit Würstchen eingedeckt und sie abends über dem Feuer gegrillt. Inzwischen sind alle Freunde in meinem Alter weggezogen und haben schon ein oder zwei Kinder. Mich zieht es hier nicht weg. Bei meinem jüngeren Bruder ist das anders. Er wollte unbedingt nach Kanada und hat das hingekriegt. Er schafft immer, was er schaffen will. Ich bin sehr stolz auf ihn! Für mich wäre es später vielleicht praktisch, etwas näher an einer Stadt zu wohnen, damit die Wege zur Arbeit und zum Einkaufen nicht so lang sind. Aber darüber kann ich nachdenken, wenn ich irgendwann eine eigene Familie gründen und ein Haus bauen möchte. Das muss jetzt noch nicht sein. Dafür genieße ich meine Freiheit zu sehr. “

Zweiter Tag, unterm Walnussbaum des Großvaters

Korytne, 2013, Tusche und Acryl auf Papier, 150 x 280 cm

DEUTSCHLAND

Geboren 1954 in Bonn, Deutschland
Rechtsprofessorin

DOROTHEE FRINGS

Die Anwältin der Flüchtlinge

Bonn war ihr schon als Kind zu aufgeräumt. Also suchte sie sich Freunde aus der Fremde, zog nach Berlin und Bologna, vor Gericht und in den Hörsaal. Heute ist sie Professorin – und Expertin für Migration und soziale Rechte.

Deutschland, Mönchengladbach und Köln am 21.12.2012

Unter Juraprofessoren ist Dorothee Frings ein Paradiesvogel. In sportlichen Schnürschuhen, mit einer Bernsteinkette um den Hals und einer Alditüte in der Hand, läuft sie auf die Fachhochschule zu. Während die Kollegen an den Unis die Dogmatik lehren, bereitet sie Nichtjuristen auf alltägliche Rechtsprobleme vor. Hier in Mönchengladbach sind das Studenten der Sozialen Arbeit. Doch drei Tage vor Heiligabend verirrt sich kaum mehr einer an die Hochschule. Von Dorothee Frings' Büro aus ist eine Baustelle zu sehen – ein Ausblick, ungefähr so grau wie das Linoleum auf dem Boden. An der Wand hängt ein historisches Schiffsplakat. Am liebsten würde man an Bord gehen und gen Süden aufbrechen. So ein Büro sei eben kein Lebens-, sondern ein Arbeitsraum, sagt sie und lacht. Später in der Küche ihrer Altbauwohnung in Köln-Ehrenfeld ist es dafür umso gemütlicher. Die Kaffeemaschine surrt und die Mikrowelle klingelt, wenn die Milch warm ist. Alle Vorlesungen, Vorträge und Seminare sind gehalten für dieses Jahr – ausnahmsweise hat sie viel Zeit zum Erzählen.

11 Uhr, im Büro an der Hochschule Niederrhein

Webschul, 2012, Tusche, Bleistift und Farbstift auf Papier, 29,7 x 21 cm

❞ Menschen, die anders sind, die sich auf den Weg machen und Neues erkunden, haben mich schon immer gereizt. Ich bin in Bonn aufgewachsen – zu einer Zeit, in der es in allen Haushalten um die gleiche Uhrzeit die gleichen Butterbrote und den gleichen roten Hagebuttentee gab. Es war unheimlich nett, etabliert und ordentlich. Zum Glück gingen in meine Schulklasse oft Diplomatenkinder aus anderen Ländern. Mit denen habe ich mich angefreundet. Es war schön mit Leuten zu tun zu haben, die anders waren. Ein bisschen wilder, ein bisschen ungeordneter, ja, und ein bisschen fröhlicher. Ich kann mich noch gut an ein Mädchen erinnern, das aus einem englischen Haushalt kam. Das war immer eine Gaudi! Die machten Picknick mit 200 Leuten in der Nähe von der Burg Eltz. Und jeder, der irgendwie mit der englischen Botschaft zu tun hatte, war eingeladen. Wenn das Mädchen Geburtstag hatte, kamen 50 Kinder. So etwas kannten wir im beschaulichen Bonn nicht. Anfang der 60er ging es noch sehr spießig zu.

Später habe ich einem der ersten Gastarbeiterjungen Nachhilfe gegeben. Da erlebte ich als 14-jährige Göre die völlig absurde Situation, dass seine Mutter sich vor mir verneigte und mich mit Tee und Gebäck bediente. Weil ich die Lehrerin ihres Sohnes war. Eine Rolle, so fremd wie im Theater, aber ich fand es sehr herzlich.

Reisen, Wandern, Unterwegssein war in meiner Familie wichtig, zumindest für damalige Verhältnisse. Obwohl nicht viel Geld da war, haben meine Eltern es immer irgendwie hingekriegt, dass wir in Urlaub fahren konnten. Zwei Brüder meines Großvaters sind nach Südamerika ausgewandert. Heute leben meine Mutter und mein Bruder in Frankreich, meine Schwester wohnt in Rumänien, mein Neffe heiratet im Juli in Estland, wohnt aber in Schweden, mein Sohn hat seinen Zivildienst in Tschechien gemacht und ich habe ein Haus in Holland.

Mit den Italienern bin ich besser zurechtgekommen als mit den Menschen in Hamburg.

Als Juristin ist es nicht so einfach, in anderen Ländern zu arbeiten. Ich habe während des Referendariats immerhin ein Dreivierteljahr in Bologna gelebt. Das war schön! Mit den Italienern bin ich besser zurechtgekommen als mit den Menschen in Hamburg, wo ich den Rest meines Referendariats gemacht habe. Die hatten ein ganz anderes Temperament als die Rheinländer. Ich fand es anstrengend, Zugang zu ihnen zu kriegen. Erst dauert es ganz lange bis sie ein bisschen Freundschaft schließen. Und dann wird es gleich so eng, dass sie fast einschnappen, wenn du dich mal eine Woche nicht meldest. Das ist im Rheinland anders. Und in Berlin, wo ich studiert habe, übrigens auch. Die Berliner sind erst ein bisschen garstig, aber innen drin herzlich. Sie sind noch ruppiger als die Rheinländer, ähneln ihnen aber im Umgang miteinander: Man freundet sich schnell an und kann Freundschaften mit einer gewissen Unverbindlichkeit pflegen. Du siehst dich fünf Jahre nicht, setzt dich hin und machst da weiter, wo du aufgehört hast.

Ich erinnere mich an eine süße alte Dame aus Rumänien, eine ganz liebe Frau. Wir haben Jahre gebraucht, bis sie einigermaßen sicher hier leben konnte. Heute wäre sie eine EU-Bürgerin.

Nach dem Referendariat bin ich zum Arbeiten zurück ins Rheinland gegangen. Ich übernahm bald ein Anwaltsbüro in Düsseldorf, das auf Migration spezialisiert war. Dort habe ich Menschen aus der ganzen Welt vertreten – viele davon in Asylverfahren. Eine tolle Erfahrung, diese Leute mit ihren Lebensgeschichten kennenzulernen. Ich habe viel über ihre Herkunftsländer erfahren. Anwältin sein heißt in diesem Bereich auch, Rechtswissen mit Phantasie zu verbinden, um Lösungs- und Lebenswege zu finden. Damals gab es sogar noch Asylverfahren für Menschen aus dem „Ostblock". Ich erinnere mich an eine süße alte Dame aus Rumänien, eine ganz liebe Frau. Wir haben Jahre gebraucht, bis sie einigermaßen sicher hier leben konnte. Heute wäre sie eine EU-Bürgerin.

Ich gehörte zu der Zeit zum Rechtsberaterkreis des UN-Flüchtlingshilfswerks UNHCR. Wer ist überhaupt ein Flüchtling? Darum wurde damals gestritten, bis zum Bundesverfassungsgericht. Dass dann gerade in meinem Verfahren die Entscheidung fiel, den Flüchtlingsbegriff auch an der Genfer Flüchtlingskonvention auszurichten, gehörte zu den seltenen Sternstunden meiner Arbeit. Dadurch werden Menschen leichter als Flüchtling anerkannt, als wenn es nur das Asylrecht nach dem Grundgesetz gäbe.

Als mein Sohn Lucas 1989 auf die Welt kam, war ich schon seit sechs Jahren Anwältin. Ich hatte recht lange gewartet mit dem Kind, weil ich meinen Beruf nicht aufgeben wollte und fürchtete, beides ließe sich nicht kombinieren. Was für ein Quatsch! Ich hab einen Mitarbeiter eingestellt und nach der Geburt vier Wochen pausiert. Dann wurde mir ein bisschen langweilig, also habe ich Lucas mit ins Büro genommen. Wenn ich ihn stillte, mussten die Mandanten warten. Das war lustig. Einer meinte völlig verdutzt: „Sie haben ein Kind? Ich habe nicht gemerkt, dass Sie schwanger waren!" Dabei hatte ich durchaus einen typischen Schwangerschaftsbauch. Doch die wenigsten scheinen damit zu rechnen, dass ihre Anwältin schwanger werden kann. Besonders Mandanten aus muslimischen Staaten neutralisieren einen geschlechtlich bei der Zusammenarbeit. Mit drei oder vier Monaten war mein Sohn dann im Kindergarten.

Der Anwaltsberuf ist recht stressig, auch war mir ein Beruf für ein ganzes Leben zu wenig. So kam ich ins Nachdenken, als ich gefragt wurde, ob ich mir vorstellen könnte, Professorin zu werden. Ich hatte bereits viele Vorträge gehalten und Fortbildungen für Sozialarbeiter gegeben, die mit Flüchtlingen und Migranten arbeiteten. Ich wusste, dass mir das Lehren liegt. Also beschloss ich zu promovieren. Ich habe die Doktorarbeit in Epochen geschrieben, indem ich zum Beispiel meinen Sohn mit seinem Vater in den Urlaub geschickt habe, um 14 Stunden am Tag zu tippen. Unter der Woche konnte mein damaliger Mann mich nicht entlasten, weil er in einer anderen Stadt arbeitete und nur am Wochenende da war. Als meine Promotion über „Frauen und Ausländerrecht" fertig war, wurde ich praktisch sofort an die Hochschule berufen.

15 Uhr, in der Wohnung in Köln-Ehrenfeld

Eichendorff, 2013, Tusche und Farbstift auf Papier, 50 x 70 cm

Mein typischer Arbeitstag sieht heute so aus: Um fünf Uhr klingelt der Wecker, ich brauche das langsame Gleiten in den Tag. Ich kann es nicht leiden, wenn es morgens hektisch wird. Lieber freunde ich mich erst mal mit dem Tag an und nehme mir Zeit nachzudenken, was ansteht. Um halb sieben fahre ich zur Hochschule, wo ich bis halb sechs abends bleibe – an Tagen mit Konferenzen auch mal länger. Die Zeiten der Lehre sind recht unterschiedlich, bis zu acht Stunden. Wir Dozenten versuchen ja auch, die Studenten zu unterhalten, damit sie nicht einschlafen; ein bisschen Entertainment gehört dazu. Acht Stunden ohne Pause sind da eigentlich zu viel. Am meisten Spaß machen mir Weiterbildungen. Wenn die Leute aus der Praxis kommen, sind sie ganz anders motiviert. Studenten können oft noch gar nicht erfassen, warum etwas von Bedeutung ist. Woher sollen sie das auch wissen?

Nur weil der Konsum vereinheitlicht wird, nähern sich die Leute nicht an.

Im Moment wollen die Fachkräfte in den Sozialdiensten ganz viel über die Bürger der Europäischen Union wissen. Gerade wenn Menschen aus Bulgarien und Rumänien, aber auch aus Griechenland und Spanien nach Deutschland kommen, die hier Sozialleistungen brauchen, wird es oft kompliziert.

Am meisten einheitliches Europa gibt es wohl bei den Konsumprodukten. Aber es ist doch langweilig, wenn ich in den Supermärkten in Rumänien dasselbe kaufen kann wie hier. Nur weil der Konsum vereinheitlicht wird, nähern sich die Leute nicht an. Das geschieht eher aufgrund von Durchlässigkeit. Wo die Menschen einander kennenlernen und zusammenwachsen, verliert das Fremde an Bedeutung. Hier im Kölner Stadtteil Ehrenfeld sieht man manchmal, dass es funktioniert mit Moschee und Schwulenkneipen, mit dem Marmeladenlädchen der jungen Frau aus dem Kosovo und dem fantastischen Fisch, der vom marokkanischen Fischhändler alle paar Tage aus Paris geholt wird. **“**

Geboren 1987 in Sălişte, Rumänien
Bedienung im Café

EMILIA ELENA CĀRĀUŞU

Patchwork auf Rumänisch

Sie hat zwei Töchter und einen Stiefsohn, arbeitet von morgens bis abends im Café und träumt von einem eigenen Minimarkt. Nächstes Jahr möchte sie wieder heiraten.

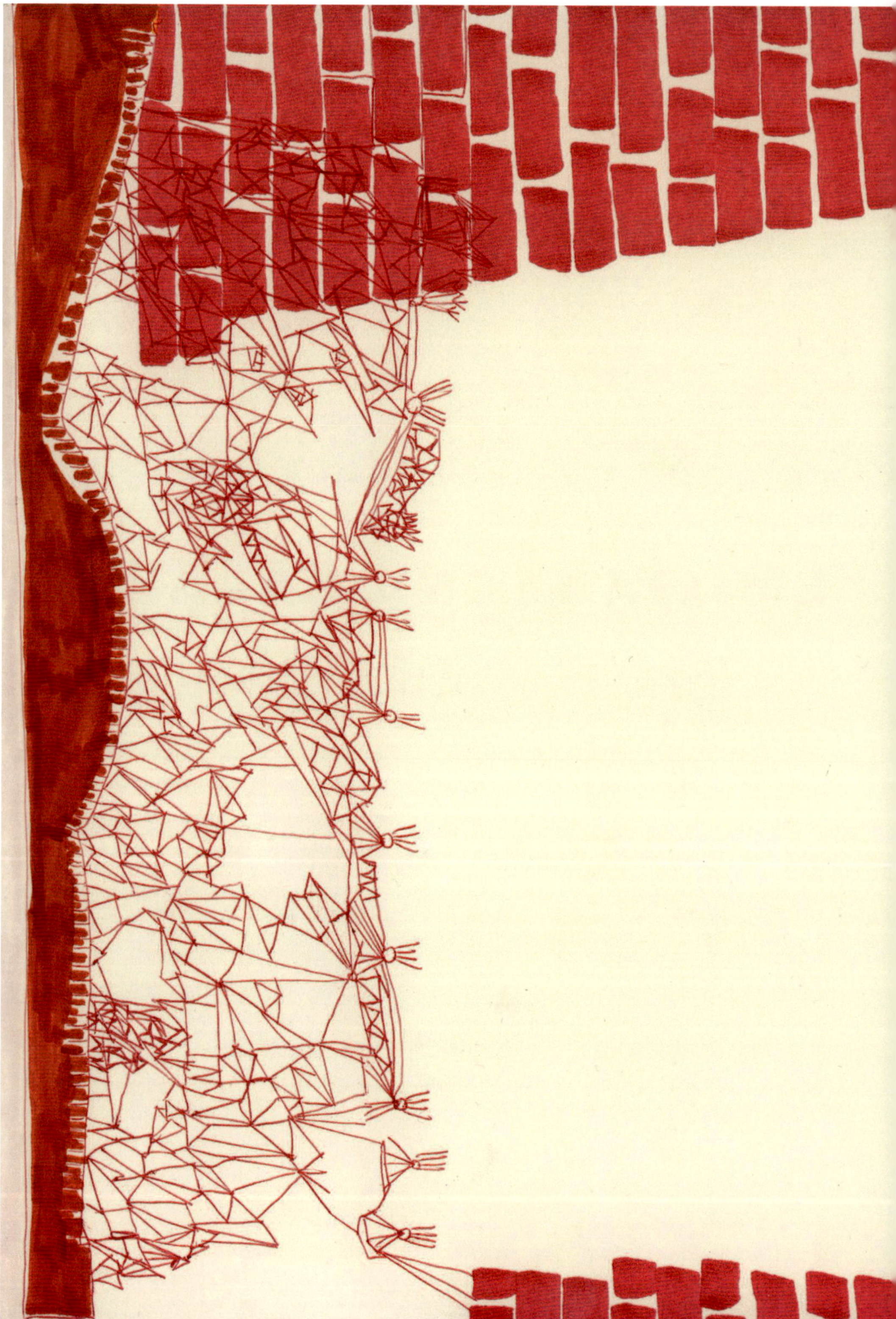

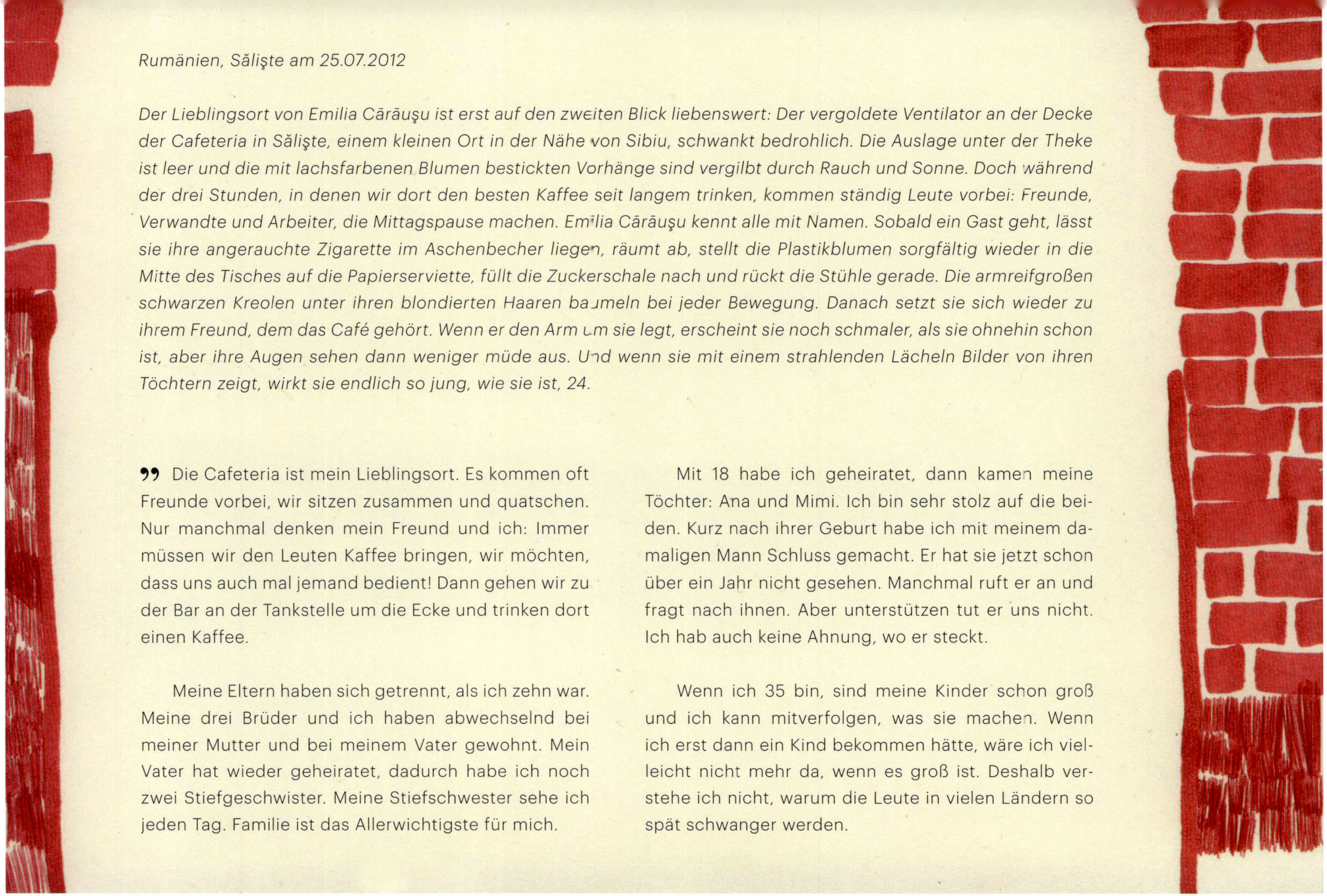

Rumänien, Sălişte am 25.07.2012

Der Lieblingsort von Emilia Cărăuşu ist erst auf den zweiten Blick liebenswert: Der vergoldete Ventilator an der Decke der Cafeteria in Sălişte, einem kleinen Ort in der Nähe von Sibiu, schwankt bedrohlich. Die Auslage unter der Theke ist leer und die mit lachsfarbenen Blumen bestickten Vorhänge sind vergilbt durch Rauch und Sonne. Doch während der drei Stunden, in denen wir dort den besten Kaffee seit langem trinken, kommen ständig Leute vorbei: Freunde, Verwandte und Arbeiter, die Mittagspause machen. Emilia Cărăuşu kennt alle mit Namen. Sobald ein Gast geht, lässt sie ihre angerauchte Zigarette im Aschenbecher liegen, räumt ab, stellt die Plastikblumen sorgfältig wieder in die Mitte des Tisches auf die Papierserviette, füllt die Zuckerschale nach und rückt die Stühle gerade. Die armreifgroßen schwarzen Kreolen unter ihren blondierten Haaren baumeln bei jeder Bewegung. Danach setzt sie sich wieder zu ihrem Freund, dem das Café gehört. Wenn er den Arm um sie legt, erscheint sie noch schmaler, als sie ohnehin schon ist, aber ihre Augen sehen dann weniger müde aus. Und wenn sie mit einem strahlenden Lächeln Bilder von ihren Töchtern zeigt, wirkt sie endlich so jung, wie sie ist, 24.

❞ Die Cafeteria ist mein Lieblingsort. Es kommen oft Freunde vorbei, wir sitzen zusammen und quatschen. Nur manchmal denken mein Freund und ich: Immer müssen wir den Leuten Kaffee bringen, wir möchten, dass uns auch mal jemand bedient! Dann gehen wir zu der Bar an der Tankstelle um die Ecke und trinken dort einen Kaffee.

Meine Eltern haben sich getrennt, als ich zehn war. Meine drei Brüder und ich haben abwechselnd bei meiner Mutter und bei meinem Vater gewohnt. Mein Vater hat wieder geheiratet, dadurch habe ich noch zwei Stiefgeschwister. Meine Stiefschwester sehe ich jeden Tag. Familie ist das Allerwichtigste für mich.

Mit 18 habe ich geheiratet, dann kamen meine Töchter: Ana und Mimi. Ich bin sehr stolz auf die beiden. Kurz nach ihrer Geburt habe ich mit meinem damaligen Mann Schluss gemacht. Er hat sie jetzt schon über ein Jahr nicht gesehen. Manchmal ruft er an und fragt nach ihnen. Aber unterstützen tut er uns nicht. Ich hab auch keine Ahnung, wo er steckt.

Wenn ich 35 bin, sind meine Kinder schon groß und ich kann mitverfolgen, was sie machen. Wenn ich erst dann ein Kind bekommen hätte, wäre ich vielleicht nicht mehr da, wenn es groß ist. Deshalb verstehe ich nicht, warum die Leute in vielen Ländern so spät schwanger werden.

Sălişte I, 2012, Filzstift und Buntstift auf Papier, 29,7 x 21 cm

Als meine Ehe vorbei war, bin ich manchmal für ein paar Monate nach Berlin gegangen, zum Arbeiten. In Rumänien ist das scheiße mit dem Geld.

Nach der Schule habe ich eine Ausbildung zur Schusterin angefangen. Ich wollte das nicht selbst, aber meine Mutter hat gesagt: Du machst das und schaust, ob Dir das gefällt. Es hat mir nicht gefallen. Ich habe die Ausbildung abgebrochen, weil ich dann sowieso schwanger wurde. Meine Töchter sollen später nichts machen müssen, was sie nicht wollen. Ich wünsche ihnen, dass sie etwas finden, was sie gerne tun.

Als meine Ehe vorbei war, bin ich manchmal für ein paar Monate nach Berlin gegangen, zum Arbeiten. Das geht leicht, seitdem Rumänien zur EU gehört. Ich hab da in einer Kneipe bedient, für acht Euro die Stunde. In Rumänien ist das scheiße mit dem Geld. Mein Vater ist zum Beispiel Gleisarbeiter bei der Eisenbahn. Das ist ein schwerer Job. Und er bekommt nur 300 Euro im Monat. Von Berlin habe ich wenig mitgekriegt, ich war echt nur zum Geld verdienen da. Mir war es zu kalt und zu laut dort. Ich habe noch nie darüber nachgedacht, woanders zu leben. Hier ist einfach mein Zuhause. Das Essen, die Leute, die Umgebung. Ich liebe alles hier.

Săliște II, 2012, Filzstift und Buntstift auf Papier, 29,7 x 21 cm

Meinen Freund kannte ich vom Sehen schon länger. Sălişte ist ja nicht groß. Aber ich wusste, dass er eine Frau und einen Sohn hat – und habe nie darüber nachgedacht, dass wir ein Paar sein könnten. Letztes Jahr bin ich während des Stadtfestes in der Cafeteria gewesen. Ich saß an dem Tisch am Fenster, er kam und ich habe einen Kaffee bestellt. Er hat ihn gebracht und mir übers Haar gestrichen. Ich hab ihn angesehen und war total erstaunt. Da wusste ich noch nicht, dass er sich getrennt hatte. Vor einem halben Jahr habe ich angefangen hier zu arbeiten. Und inzwischen machen wir alles zusammen. Wir wollen bald eine Aushilfe einstellen, damit wir mehr Zeit für die Kinder haben – schließlich sind wir jetzt eine Familie! Im Moment sind meine Mädchen meistens bei meiner Mutter. Nächstes Jahr wollen wir heiraten. Das geht ziemlich schnell, ich weiß. Aber ich bin mir sicher. Ich bin glücklich.

Schon als kleines Mädchen habe ich von einem eigenen Laden geträumt. Das hat sich bis heute nicht geändert. Ich brauche nur noch etwas Geld, um ihn aufzumachen. Der Laden soll ein Minimarkt sein. Was ich da verkaufen will? Alles. Ich habe keine Angst vor der Konkurrenz. Die großen deutschen Ketten wie Kaufland und Lidl sind zwar inzwischen überall, aber die sind viel zu teuer für die Leute.

Manchmal geht nicht alles. Wenn man ganz viel erreicht hat und kein Kind hat – das ist nicht gut. Besser wenig Geld und eine schöne Familie haben. Wenn man zum Beispiel wütend oder traurig ist oder ein großes Problem hat, dann ist die Familie da. So ist das in Rumänien und so ist das für mich. Ich weiß nicht, wie das für andere ist. “

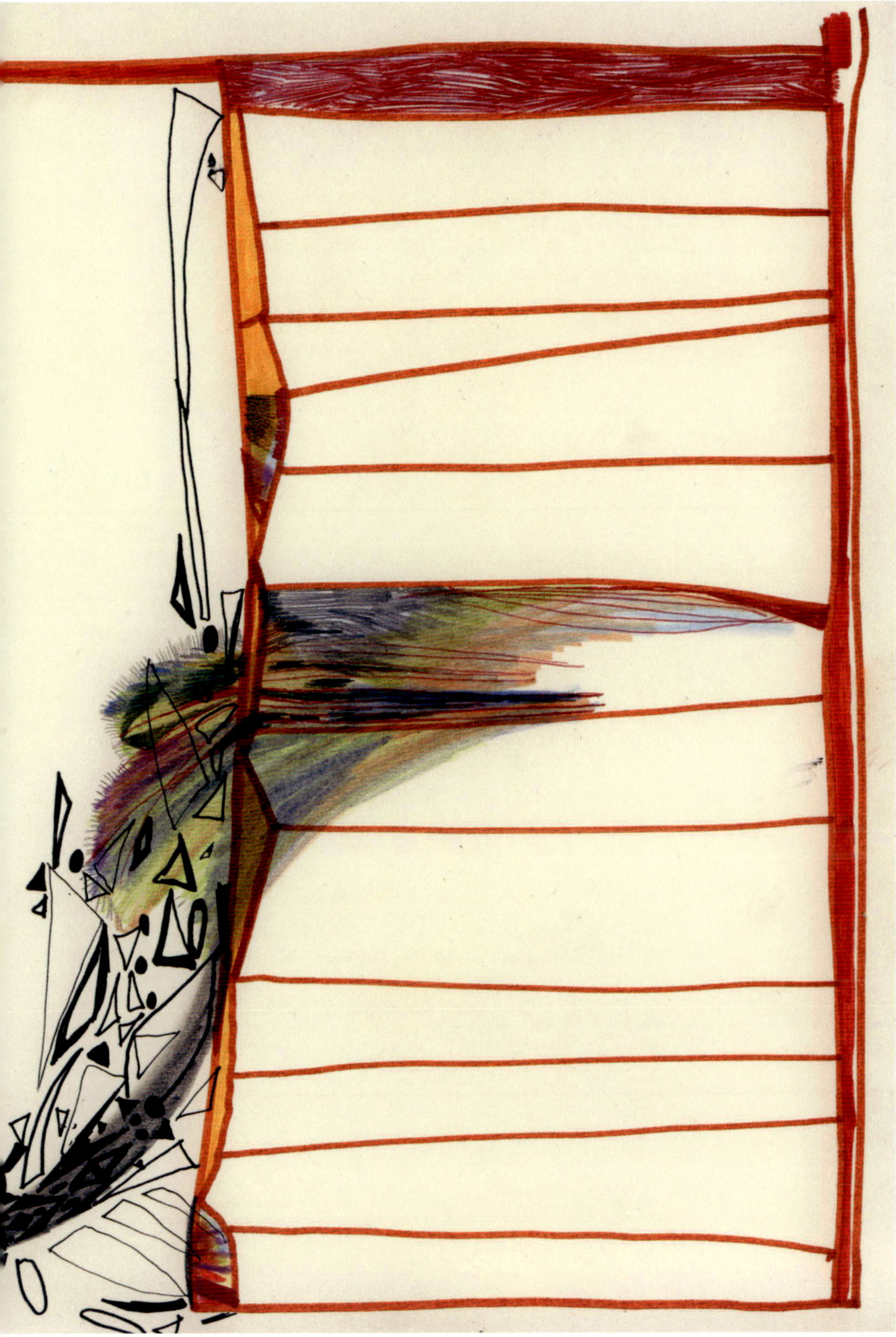

Săliște III, 2012, Filzstift und Buntstift auf Papier, 29,7 x 21 cm

P O

E

L N

Geboren 1957 in Kattowitz, Polen
Germanist, Mitarbeiter im Museum

MICHAŁ MUSIOŁ

Aus den Vielen das Eine

Kattowitz sei kein Florenz, sondern eine junge Industriestadt, gibt er zu. Doch er liebt seine Heimat und sammelt beruflich alles über sie. Seine größte Hoffnung ist, dass sein Sohn eines Tages aus England nach Oberschlesien zurückkehrt.

Die Kaffeetasse der Frau

Saloniego I, 2012, Acryl und Buntstift auf Papier, 21 x 29,7 cm

Polen, Kattowitz am 07.07.2012

Michał Musioł hat keine Ahnung, was wir genau von ihm wollen. Dennoch hat er uns spontan nach Kattowitz eingeladen, als ein Bekannter ihm von uns erzählt hat. Auf dem Weg in die Hauptstadt der Woiwodschaft Schlesien zeugen Wohnblocks, Plattenbauten und Industrieanlagen davon, dass es sich hier um den dichtest besiedelten Amtsbezirk Polens handelt. Südlich des Zentrums liegt eine Seitenstraße stumm in der Mittagssonne. Hier steht das Reihenhaus von Michał Musioł. Er bittet uns, auf dem Ledersofa im Wohnzimmer Platz zu nehmen und setzt sich selbst sehr aufrecht auf einen Stuhl vor uns. Seine Bewegungen sind eckig wie die blau-orangen Karos auf seinem Hemd. Dass er sich im Muzeum Historii Katowice damit beschäftigt, Gegenstände ihrer Bedeutung nach zu arrangieren, ist auch diesen Räumen anzusehen. Alles wirkt, als habe es seinen Ort gefunden. Eine alte Holzuhr tickt zwischen zwei großen Fenstern. Rollos verhindern die Sicht auf den Garten und das Eindringen der Hitze. Michał Musioł grübelt eine Weile, knetet die Hände auf der knielangen Hose, und beginnt in druckreifen Sätzen auf Deutsch zu sprechen.

» Gegenstände werden bedeutsam, wenn man mehr in ihnen sieht als ein Fremder. Diese Kaffeetasse zum Beispiel hat meine Frau von einer Freundin geschenkt bekommen. Sie trinkt Kaffee praktisch nur aus dieser Tasse. Ich darf sie auch nicht benutzen, was nicht schlimm ist, denn ich trinke selten Kaffee. Lieber trinke ich Tee, grünen Tee. Wir stehen also morgens früh um halb sechs auf, sie trinkt ihren Kaffee aus ihrer Tasse, ich meinen Tee aus irgendeiner Tasse, wir essen ein kleines Frühstück. Dann bringe ich meine Frau zur Arbeit, sie ist Schuldirektorin. Von der Schule aus fahre ich ins städtische Museum für Geschichte, wo ich als wissenschaftlicher Mitarbeiter angestellt bin.

Für uns ist jeder Gegenstand, der eng mit dieser Stadt verbunden ist, wertvoll. Seit der Wende dürfen wir auch deutschsprachige Dokumente untersuchen. Das ist wunderbar, denn es gab hier ein großes deutschsprachiges Judentum, das sehr stark zur Entwicklung von Kattowitz beigetragen hat. Ich habe selbst keine Verbindung zum Judentum, hatte aber immer viel dafür übrig. Deswegen haben meine Frau und ich unserem Sohn auch den jüdischen Namen Simon gegeben.

Zu dem Namen gibt es eine schöne Geschichte: Vor mehr als 35 Jahren bekam mein Vater zum Geburtstag eine Grafik von einem Kattowitzer Künstler geschenkt. Sie war schön, ein maritimes Motiv, etwas mit einem Segelboot, aber so genau habe ich mir das Bild damals gar nicht angeschaut. Auf der Grafik gab es eine kleine Widmung, die ich nie gelesen habe. Sie hing einfach an der Wand. Mein Vater starb, ich heiratete, mein Sohn kam auf die Welt, wir nannten ihn Simon. Jahre später hatte ich eine Lupe in der Hand und las die Widmung: „Für meinen Sohn Simon, damit er zu einem anständigen Menschen wird." Das stand da, weil der Sohn des Grafikers auch Simon hieß.

Die Grafik des Sohnes

Saloniego III, 2012, Tusche und Acryl auf Papier, 29,7 x 21 cm

Europa ist auf dem Christentum aufgebaut – damit ist viel Schlechtes verbunden, aber auch viel Gutes.

Das Kreuz des Vaters
Saloniego IV, 2012, Tusche und Acryl auf Papier, 21 x 29,7 cm

Noch länger als das Bild begleitet mich das Kreuz dort an der Wand. Mein Vater hat es zur Kommunion bekommen. Ich könnte mich nie davon trennen. Für mich ist es wie ein Talisman. Selbst wenn man nicht an diesen Gott glaubt, der da am Kreuz hängt, kann ich mir nicht vorstellen, dass sich jemand daran stören könnte. Ich erwähne das bewusst, denn man hört immer wieder, dass Kreuze aus der Öffentlichkeit verbannt werden. Ich habe zum Beispiel gelesen, dass in einer italienischen Schule alle Kreuze entfernt werden sollten, weil zwei Kinder sie nicht um sich haben wollten. Solche Tendenzen finde ich bedenklich. Europa ist auf dem Christentum aufgebaut – damit ist viel Schlechtes verbunden, aber auch viel Gutes. Das ist eine Tatsache. Wenn man diese Wurzeln in der europäischen Verfassung negiert, finde ich das nicht gut. Etwas anderes ist die Glaubensfreiheit.

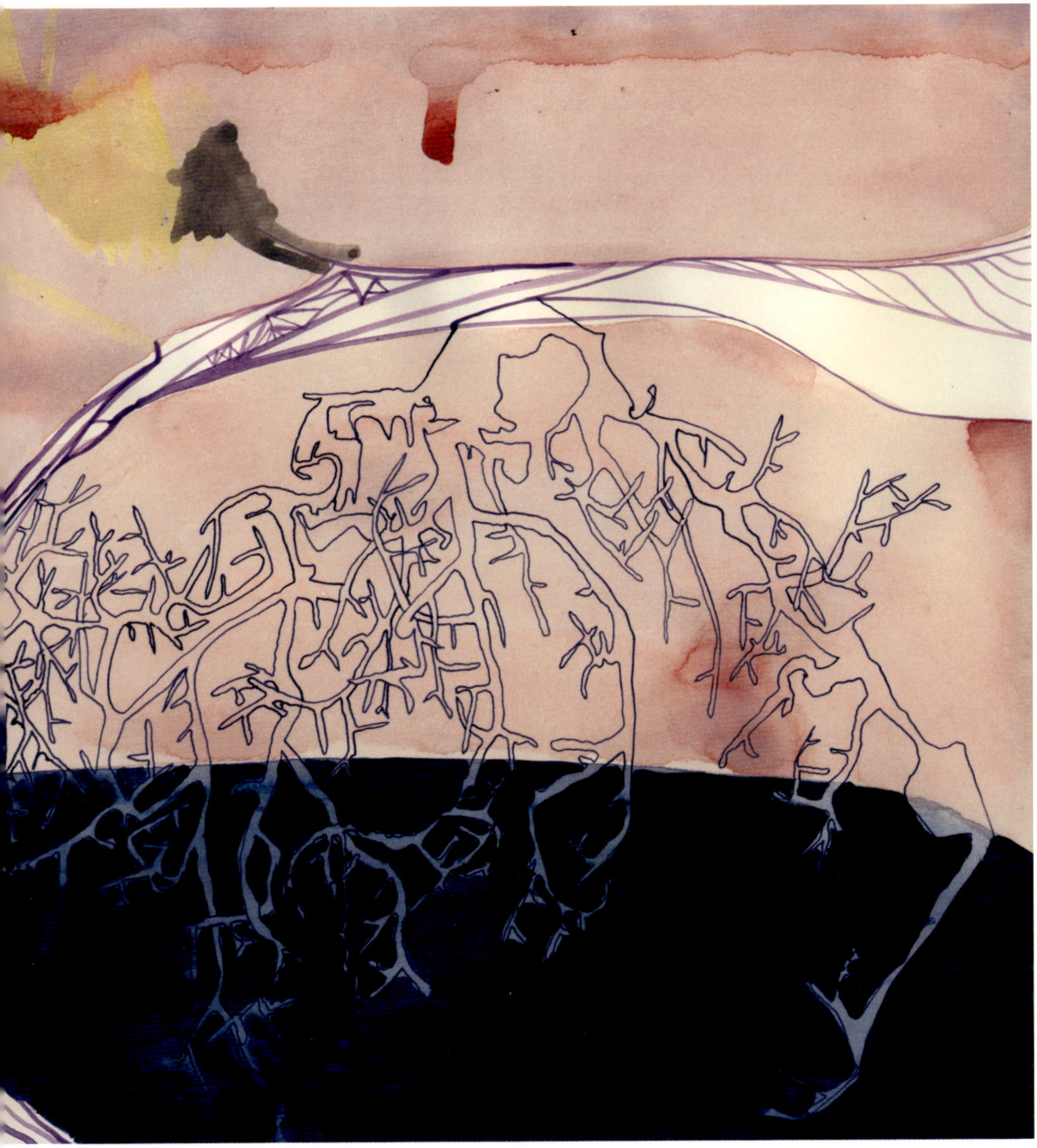

Die ist für mich selbstverständlich. Man kann niemanden zu einem Glauben zwingen, diese Zeiten sind glücklicherweise vorbei. Aber man kann auch keinen zwingen, ein Kreuz zu entfernen, wenn er es zum Beispiel bei der Arbeit an einer Kette um den Hals trägt.

Ich bin ein suchender Mensch und religiös indifferent, aber ich bin im christlichen Milieu aufgewachsen. Ein Weihnachtsfest ohne Christbaum kann ich mir nicht vorstellen. Der Kirche als Institution gegenüber bin ich jedoch sehr kritisch. Auf der anderen Seite haben die Gegner der Kirche auch nichts anzubieten. Wenn ich daran denke, dass manche Linken fordern Drogen zu legalisieren oder einen Schwangerschaftsabbruch so unkompliziert zu gestalten wie das Naseputzen! Ich sehe da keine Werte, auf die man aufbauen kann.

Wir sollten trotz der Schwierigkeiten zusammenzubleiben. Mein Traum wäre eine Art Föderation, wirtschaftlich und militärisch stark, ohne Dominanz einer Nation.

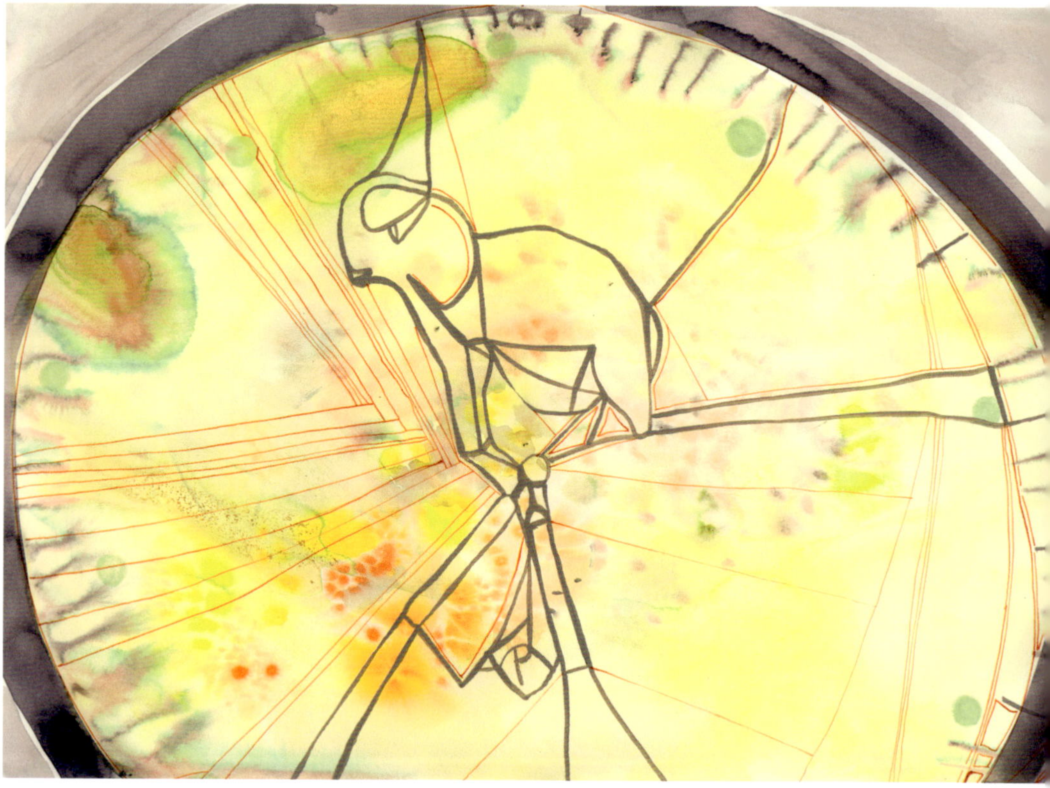

Der sowjetische Wecker

Saloniego II, 2012, Tusche und Acryl auf Papier, 21 x 29,7 cm

Es gab eine Zeit bei uns, die oft traurig war, ich nenne sie die alte Zeit. Die Leute auf den Straßen waren nicht schön gekleidet, es war grau, deprimierend. So ist das in einem totalitären System. Ich habe heute noch einen Wecker, der mich an die alte Zeit erinnert, ein sowjetisches Erzeugnis, gute Qualität. Der Wecker wurde ein paarmal überholt und gereinigt, er ist bis heute intakt. Nur an einer Stelle hat er einen Sprung, weil er hingefallen ist, als ich mit meinem Vater in unserer winzigen Wohnung Fußball gespielt habe. Ich erinnere mich noch, dass meine Mutter deswegen böse war. Das ist alles lange her. Eine Sache hatten die Leute damals auf jeden Fall: einen Arbeitsplatz. Natürlich war die Wirtschaft schwach und die Arbeit nicht sonderlich attraktiv oder gut bezahlt, aber sie war sicher.

Der unsichere Arbeitsplatz ist heute ein großes Problem, vor allem bei Jugendlichen. In Polen gibt es die Tendenz, sich Arbeit im Ausland zu suchen. Wenn die Menschen später mit dem Geld zurückkommen und es investieren, ist das gut. Aber wenn sie im Ausland bleiben, sind sie für unser Land verloren. Das Schlimme ist, dass sie oft hier ausgebildet wurden. Wir verlieren dann Fachleute an Länder, die nichts in sie investiert haben.

Mein Sohn hat es anders gemacht, er ist schon nach der Schule gegangen und studiert nun im zweiten Jahr Medizin in England. Natürlich hätte ich ihn lieber hier. Ich versuche ihn zu überreden, dass er nach dem Abschluss zurückkehrt, fürchte aber, dass er in England attraktive Angebote bekommt. Andererseits haben es die Ärzte in Polen zurzeit nicht schlecht. Der Beruf ist gut bezahlt und krisenfest. Außerdem entstehen hier Privatkliniken für Ausländer. Und mein Sohn spricht mehrere Sprachen! Simon fühlt sich sehr europäisch, ist überall zu Hause.

Auf Polnisch gibt es den Begriff Heimat nicht, man spricht eher von Vaterland. Oberschlesien ist mein „kleines Vaterland". Das bedeutet für mich, dass ich mich hier ganz bei mir fühle. Ich bin zuallererst Oberschlesier und dann polnischer Bürger. Die Menschen hier haben ein besonderes Verhältnis zu ihrer Heimat, vielleicht auch, weil sie so oft zu verschiedenen Staaten gehörten. Oberschlesien ist heute noch für seine alten Tugenden bekannt. Hier werden Arbeit und Ehrlichkeit sehr geschätzt, Familie zählt noch, die meisten Menschen sind katholisch. Unsere Kohle- und Stahlindustrie hat eine Menge zur Entwicklung Polens beigetragen.

Für Oberschlesien bin ich voller Hoffnung. Das hat auch mit Egoismus zu tun – ich wohne und lebe hier. Also möchte ich eine gute ärztliche Versorgung, gute Straßen, gute Luft. Ein pragmatischer Patriotismus ist das. Vor einem Patriotismus, der alles an die große Glocke hängt, habe ich Angst, das ist Nationalismus.

Vielleicht kommt in hundert oder zweihundert Jahren eine Zeit, in der die Grenzen weiter fallen und alles verschmilzt. Wir haben so viel erreicht in Europa: Freizügigkeit, das Schengener Abkommen, Billigflieger. Jetzt ist es das Wichtigste, dass sich die Wirtschaft angleicht. Wenn sich die Krise vertieft, droht die ganze Europäische Union auseinander zu fallen. Ich schätze, das hätte mehr Nachteile als Vorteile. Wir sollten trotz der Schwierigkeiten zusammenzubleiben. Mein Traum wäre eine Art Föderation, wirtschaftlich und militärisch stark, ohne Dominanz einer Nation.

Ich habe die Hoffnung auf ein Europa, das sich so gestaltet, wie es auf den amerikanischen Banknoten steht: e pluribus unum. Aus den Vielen das Eine. Gegenwärtig ist das eine Utopie. Ich erinnere mich an den französischen Austauschschüler meines Sohnes. Wir haben ihm die Stadt gezeigt, sind mit ihm in die Disko gefahren. Das Essen, die Leute, alles gefiel ihm sehr. Sogar französisches Fernsehen konnte er gucken. „Und ich dachte, bei euch gibt es kein warmes Wasser", sagte er, bevor er wieder fuhr. Für mich war das unvorstellbar. Wenn ein 14-Jähriger solche Vorurteile hat, was denkt dann die ältere Generation über Polen? Damit die Utopie wahr wird, müssen die Menschen reisen und sich kennenlernen. “

Nirgendsland wird gefördert durch
die Kunststiftung NRW,
Holger Ammon, Thomas Ullrich

Dank an
Wiebke Muth, Hildegard Schuster,
die Deutschen Botschaften in Warschau, Riga, Prag,
Wytske Averink, Mischa Drautz, Johannes Göbel, Familie Grimm, Sebastian Gromig,
Eva Gutjahr, Regine Kloppert, Familie Marx, Daniela Neuhaus, Marie Schmidt,
Familie Schoener, Judith Scholter, Kathrin Spirk, Raimund Unkhoff,
Marcus Gorschlüter, Lars Heider

Unser größter Dank
gilt den Menschen, die uns ihre Geschichten erzählt und ihre Heimat gezeigt haben.
Ohne sie gäbe es Nirgendsland nicht.

KUNST
STIFTUNG
NRW

Bettina Marx

Johanna Schoener

Die Autorinnen,
geboren 1981, wuchsen im Rheinland auf und gingen gemeinsam zur Schule.

Bettina Marx
absolvierte ein Studium der freien Kunst an der Kunstakademie Münster, war Gaststudentin an der Kunstakademie Düsseldorf (bei Peter Doig) und ist Meisterschülerin von Cornelius Völker. Die Künstlerin lebt zurzeit als Stipendiatin im Atelier- und Ausstellungszentrum Schloss Ringenberg und in Düsseldorf. Alle Bilder stammen von ihr.

Johanna Schoener
ist für die Texte verantwortlich. Sie studierte Germanistik, Philosophie und Ethnologie in Heidelberg und Freiburg und besuchte die Deutsche Journalistenschule in München. Danach begann sie als freie Journalistin zu arbeiten. Heute ist sie Redakteurin bei der ZEIT und lebt in Hamburg.

Verlag GUDBERG GmbH & Co KG
ISBN 978-394306127-7
1. Auflage 2013
Gestaltung: Thomas Puzik / GUDBERG
www.gudberg.de

NIRGENDSLAND